자동차
세일즈 매너

자동차 세일즈 매너

발행일	2017년 3월 8일		
지은이	박 효 산		
펴낸이	손 형 국		
펴낸곳	(주)북랩		
편집인	선일영	편집	이종무, 권유선, 송재병, 최예은
디자인	이현수, 이정아, 김민하, 한수희	제작	박기성, 황동현, 구성우
마케팅	김회란, 박진관		
출판등록	2004. 12. 1(제2012-000051호)		
주소	서울시 금천구 가산디지털 1로 168, 우림라이온스밸리 B동 B113, 114호		
홈페이지	www.book.co.kr		
전화번호	(02)2026-5777	팩스	(02)2026-5747

ISBN   979-11-5987-464-2 03320 (종이책)   979-11-5987-465-9 05320 (전자책)

이 도서의 국립중앙도서관 출판예정도서목록(CIP)은 서지정보유통지원시스템 홈페이지(http://seoji.nl.go.kr)와 국가자료공동목록시스템(http://www.nl.go.kr/kolisnet)에서 이용하실 수 있습니다.
(CIP제어번호: CIP2017005522)

(주)북랩 성공출판의 파트너

북랩 홈페이지와 패밀리 사이트에서 다양한 출판 솔루션을 만나 보세요!

홈페이지 book.co.kr   1인출판 플랫폼 해피소드 happisode.com
블로그 blog.naver.com/essaybook   원고모집 book@book.co.kr

영업초짜도 베테랑으로 만드는 영업 매너 A to Z

자동차
세일즈 매너

박효산 지음

북랩 book Lab

나는 너의 경험을 갖고 싶고, 나의 경험을 주고 싶다

- 박효산 -

자동차 영업을 시작하고 꿈꾸는 많은 사람들에게 그리고 자동차 영업을 하고 있는 사람들에게 이 책을 통해서 내가 생각하는 방향성과 기준만이라도 전하고 싶다. 책에서 하는 이야기는 기본적인 영업의 틀 위에서 경험을 바탕으로 나만의 컬러로 풀어쓴 것이다. 많은 사례와 케이스 중 하나인 것이다. 이 글이 읽고 있는 여러분들의 훌륭한 경험과 조화롭게 섞인다면 좀 더 나은 영업 캐릭터를 만들 수 있을 것이다.

부모도 자식에게 잔소리를 하지 않는 시대이다. 그리고 그 누구도 누군가에게 잔소리 듣거나 욕먹기 싫어하는 시대다. 내가 듣고 싶은 이야기만 듣고 싶고 내가 하고 싶은 일만 하고자 하는 시대인 것이다. 아무도 싫은 소리를 하지 않는, 하지 못하는 시대. 좋은 게 좋다는 식의 시대인 것이다. 그렇지만 영업 현장에는 잔소리꾼이 필요하다. 나는 그런 잔소리꾼이 되고자 한다.

"혁명의 시대에는 내가 가지고 있는 상식이 안 통한다"

4차 산업혁명의 시대가 도래했다고 해도 과언이 아니다. 사물 인터넷을 기반으로 하는 영화 같은 세상이 눈 앞에 펼쳐지고 있다. 영업의 미래는 어떻게 변할까? 자동차산업은 어떻게 변할까? 사물 인터넷 메인 디바이스 중 하나인 자동차. 미래의 자동차는 어떤 모습일까? 다가오는 미래의 자동차는 아마 전기차가 될 것이다. SK플래닛 김지현 상무는 "미래의 전기자동차는 스마트폰에 그냥 바퀴를 달았다고 생각하면 됩니다"라고 이야기한다. 상상만 해도 즐겁고 신나는 일이다. 자동차 자체가 스마트폰인 것이다.

이렇게 기계문명은 발전하는 가운데, 영업은 어떻게 될까? 자동차 영업을 기계가 할 수 있을까? 다양한 방식의 영업방식, 판매방식이 나올 것이다. 그래서 영업은 점점 퇴색되어가는 직군이 될 것이라고 예측하는 학자들도 많이 있다. "기계가 할 수 있는 일은 기계가 하도록 내버려 두라"라고 한 어느 학자의 이야기가 떠오른다. 그러나 영업은 사람이 할 수 있는, 잘할 수 있는 일이라고 생각한다. 따뜻함이 묻어나는 일. 무언지 모를 교감의 전류가 흐르는 일. 눈에 보이지 않는 말로 설명할 수 없는 행동으로 표현할 수 없는 일이 바로 영업인 것이다. 다시 핵심을 이야기하면 4차 산업혁명 시대에 해야 할 일은 사람만이 잘할 수 있는 일이다. 사람이 할 수 있는 일 중에서 관계를 통한 가치를 만들어

내는 일 말이다. 영업도 충분히 그런 일이 될 수 있다.

그렇다면 영업에 대해서 조금 더 알아보도록 하자. 많은 의견이 분분하겠지만 영업도 학문일까? 학문이 될 수 있을까? '영업학(學)'이라는 학문으로 꾸준히 발전할 수 있을까? 영업이 학문으로 인정받을 수 있을까? 아직 한국에서는 영업이 학문으로 정립이 되어 있지는 않은 것 같다. 영업을 정의하는, 바라보는 기준이나 체계가 완벽하게 학문처럼 잘 정립되지는 못한 것 같다. 그래서 경영학, 마케팅, 홍보 등 큰 축의 일부분으로 포함시키는 경우가 많다.

철학의 역사는 2,500년이 되었다고 한다. 정말 오래된 학문이다. 영업의 역사는 얼마나 되었을까? 영업은 철학이 생겨나기도 전에 있지 않았을까, 생각해본다. 영업은 가장 기본적인 행위이다. 단순히 물건을 사고파는 행위를 초월한다. 그렇게 생각한다면 돌, 흙, 나무로 만든 도구가 있던 시대에서부터 영업은 있었을 것이다. 사람이 살아가면서 뭔가를 주고받는 행위 자체를 영업으로 볼 수 있는 것이다. 그래서 저자는 영업도 하나의 독립된 학문으로 정립될 필요가 있다고 본다. 이 책은 그런 마음에서 시작됐다. 영업에 대한 저자의 생각을 나름대로 정리해 본 것이다.

차례

제1장

자동차 세일즈 일반

1. 자동차 세일즈 이해

　자동차 영업은 눈에 보이는 자동차, 즉 유형의 제품을 파는 행위이다. 대중들이 선호하는 제품이기 때문에 어쩌면 수월하고 매력적인 일이 될 수 있다. 자동차 한 대의 가격은 적게는 천만 원부터 많게는 6억에서 7억까지 한다. 다양한 가격대의 매매가 이루어지고 있는 것이다. 또한 자동차 판매 실적이나 매출금액에 따라서 회사와 영업사원에게 돌아오는 인센티브가 달라진다. 이처럼 수입에 영향을 주는 요인이 많기 때문에 수입이 크게 오를 가능성이 있다는 점이 자동차 영업의 가장 큰 매력 중 하나라고 말할 수 있다. 자동차는 기호품이며, 누구나 갖고 싶어하는 제품이며, 회전율이 빠르고, 필수품에 가까운 제품이다. 그렇기에 자동차를 다루는 자동차 영업 또한 가장 사랑받는 직업군 중 하나가 되었다.

　그러나 우리나라에서는 영업이라는 것 자체가 오래전부터 터

부시되는 직업 중 하나였던 것이 사실이다. 영업은 힘들고, 어렵고, 하지 말아야 할 일 중 하나로 여겨져 왔다. 영업은 정말 해야 할 일이 없을 때, 아무나 할 수 있는 직업 중에 하나라는 고정관념은 여전히 존재한다. 우리나라에 비행기를 파는 영업직이 있다면 좀 더 다른 시각을 가질 수 있을까? 또한 불안정하며, 이직률이 높은 직업이라는 고정관념까지 존재한다. 영업을 직업으로 선택하기란 쉬운 일이 아니다.

이러한 단점에도 불구하고 자동차 영업은 장점이 많은 직업이다. 자동차 영업은 첫째, 영업 중에서도 가장 쉬운 직업이다. 앞에서도 이야기를 했지만 눈에 보이는 유형의 제품, 누구나가 선호하는 좋아하는 제품, 생활에 밀접한 제품을 파는 것이기에 가장 쉬운 영업 중 하나가 될 수 있다. 둘째, 정년이 없으며 돈을 보장받을 수 있다. 많은 젊은이가 희망하는 직업이 하나 있다. 바로 임대사업자다. 건물이 있으면 시간의 제약 없이 건물에 세들어 사는 세입자에게 나오는 월세를 따박 따박 받아서 몸과 마음은 자유롭게, 물질은 풍족하게 쓰면서 살 수 있다고 생각한다. 그래서 이상적인 직업이라고 생각되는 것이다. 또 다른 이상적인 직업은 공무원이다. 풍족하진 않지만 정년이 보장되어 있다. 이 두 가지 직업을 보면 돈이라는 재화를 돈을 꾸준히 벌 수 있는 보장된 직업을 사람들이 선호한다는 것을 알 수 있다. 그런데 영업은 돈과 정년, 이 두 가지를 보장받을 수 있는 몇 안 되는 직업 중 하나다. 따라서 영업사원 또한 임대업자나 공무원 같은 이상적인 직업이 될 수 있다. 셋째, 가장 인정받는 직군이다. 인정받는다는 것은 어떤 의미일까? 누구나 할 수 있는 일을 해서는 인정받을 수 없다. 인정받는다는 것은 정성과 노력이 바탕이 되어야 하며, 누구나가 할 수 없는 일을 해내었을 때 도전해서 성공했을 때 그리고 원하는 결과를 이루어 내었을 때 비로소 인정을 받을 수 있는 것이다. 자동차 영업은 희열을 느낌과 동시에 인정받을 수 있는 가장 최선의 최고의 직군이다. 넷째, 일에 대한 즐거움과 재미가 보장된다. 물론 일은 돈을 벌기 위한 것이다. 하지만 자동차 영업은 즐겁고 재미있게 할 수 있는 일이다. 왜 그럴까? 바로 누구나가 좋아하는 상품을 다루기 때문이다. 자동차를 좋아하지 않는 사람은 드물다. 많은 사람들이 자동차에 관심을 가지고 있다.

그렇다면 자동차 영업의 분류에 대해 알아보도록 하자.

첫째, 자동차 영업은 크게 신차 영업과 중고차 영업으로 나눌 수 있다. 둘째, 누구나가 탈 수 있는 차인 승용부문과 영업 목적이 있는 차인 상용부문으로 나눌 수 있다. 셋째, 수입 자동차와 국산 자동차 정도로 나누어 볼 수 있겠다.

2016년 기준으로 신차는 180만 대, 중고차는 300만 대 정도가 판매되었으니 자동차 시장의 규모는 상상 이상이라고 판단하면 될 듯하다. 단, 외국과 조금 다른 부분은 중고차 시장, 중고차 시장산업에 대한 인식의 차이다. 외국은 중고차 산업, 시장에 대한 인식도 좋으며 체계적으로 시스템화가 되어 있지만 여전히 우리나라에서는 중고차 산업, 시장, 영업사원에 대한 인식이 안좋은 이미지를 가지고 있음을 피부로 느낄 수 있기 때문이다. 본문에서 국산차, 수입차를 포함한 중고 자동차 영업에 대한 이야기를 풀어나가도록 하겠다.

사람에게 가장 기본이 되는 의식주와 자동차는 밀접하게 연결되어있다. 또한 자동차는 집 다음으로 비싼 제품이다. 집은 살면서 사고파는 빈도가 낮지만, 자동차는 살면서 사고파는 빈도가 아주 높은 제품이다. 자동차는 극진히 대접받는 제품이기에 이 자동차를 다루는 영업사원 그리고 자동차 영업에 대한 이해가 우선 되어야 하며 자동차 영업이라는 업(業)에 대해 철학적으로 고찰하고 배워나가야 한다. 자, 그렇다면 자동차 영업에 대한 이해가 조금 생기고 관심이 생겼을 것이다. 이제 본격적으로 자동차 영업의 정의에 대해서 알아보도록 하자. 참, 그리고 자동차 영업은 제정신으로는 못한다. 미쳐야 한다. 이 점을 미리 밝혀둔다.

놀랍게도 컨버터블의 최대 소비지가 일 년 중 대부분 날씨가 흐린 영국이나 북구 유럽 쪽이라고 한다면 우리는 이러한 사실을 어떻게 받아들여야 할까? 우리와는 달리 자연의 햇살이 아쉬운 그들은 일 년에 단 며칠이라도 해가 나는 순간이 있다면, 그리고 그때가 마침 운전 중이라고 한다면, 그 순간에라도 햇살을 받아들이기 위해 뚜껑을 여는 것에 투자를 할 것이다. 이것은 효용성의 문제를 넘어서는 정서적 가치의 문제라고 생각한다.

- 김찬중 경희대 건축학과 객원교수의 말 -

2. 자동차 세일즈 정의

영업이란 무엇인가? 수없이 많은 대가들 또는 학자들이 영업에 대해서 정의를 내리곤 했다. 그러나 영업에 대해 정의를 내린다는 것 자체가 무의미할 수도 있다. 시대에 따라서 상황에 따라서 또는 바라보는 관점에 따라서 완전히 다른 내용으로 정의될 수 있기 때문이다.

그럼에도 불구하고 나는 자동차 영업에 대해서 다음과 같이 정의를 내리고자 한다. 첫 번째, 경험이 중요한 직업이다. 자동차가 지구상에 생겨난 100여 년 전부터 지금까지 자동차는 판매되고 있다. 그 모든 판매 과정들은 누군가의 손에 의해, 정확히 이야기하면 자동차를 판매하는 영업사원의 손에 의해 이루어지고 있다. 100년 전의 영업사원이나 지금의 영업사원이나 똑같은 절차를 밟으면서 자동차라는 제품을 팔고 있는 것이다. 자동차 산업은 전통산업이다. 그래서 경험이 상대적으로 중요하다.

두 번째, 자동차는 창조적 상상력과 활동의 종합결정체다. 이해를 돕기 위해서 예를 들면 이 책을 읽고 있는 대다수의 독자들 중에서 영화를 좋아하지 않는 사람은 극히 드물 것이다. 문화, 예술, 음악, 미술, 건축, 패션, 인문학 등등 누구나가 누리고 싶고 즐기고 싶은 것들이 있다. 그중에서 영화는 재미있고 자주누릴 수 있는 것 중에 하나다. 늘 흥미진진하고 질리지 않는다. 영화를 보러 갈 때를 상상해 보라. 영화를 보러 갈 때면 두근거리고 어떤 영화일까 기대가 된다. 또 시간이 여유로울 때 영화를 보러 간다. 자연스럽게 자주 극장을 찾게 된다. 그리고 좋은 사람이나 애인과 같이 공유하고 싶은 것이 바로 영화이기도 하다. 그렇다면 우리는 영화를 통해 많은 것을 누릴 수 있다고 할수 있다. 영화를 통해서 상상의 나래를 펼 수 있고 영화를 통해서 내가 원했던 꿈을 이룰 수 있고 영화를 통해서 내가 가보고 싶었던 곳도 가볼 수 있다. 그래서 영화번역가 이미도는 '창조적 상상력의 종합결정체'라고 말하기도 했다. 영화처럼 자동차 영업도 창조적 상상력, 창조적 활동력의 종합결정체라고 정의한다. 자동차 영업? 상상만 해도 재미있고 즐거울 것 같지 않은가?

한편 영업은 시간이 걸린다. 이 사실을 알아야 한다. 시간이라는 약이 오래오래 내 몸속에 퍼져야 하는 일이다. 어린아이가 성장해 가듯이 그렇게 시간이 걸린다. 고객을 찾아가는 여정이며, 내가 가지고 있는 생각의 경계를 넘어서는 것도 영업의 시작이자 정의가 될 수 있다. 행동의 경계를 넘어서는 것도 영업의 시작이며, 감정의 경계를 넘어서는 것도 영업의 시작이다. 자, 그러면 이러한 영업의 이해와 정의를 바탕으로 또 하나의 기둥을 세워보도록 하자. 바로 영업철학이라는 기둥이다.

약관에 없는 부분까지 하는 게
담당자고,
영업사원입니다.

3. 자동차 세일즈 철학

자동차 영업에 대한 자신만의 철학이 있어야 한다. 나는 왜 자동차 세일즈를 하려고 하는가? 나는 어떤 마음가짐으로 이 일을 고민하고 바라보고 있는가? 너무 거창한 이야기이지만 이러한 자신만의 원칙과 소신, 철학을 바탕으로 해야 변함없는 영업 활동을 해나갈 수 있다.

그런 점에서 멘토의 역할은 상당히 중요하다. 일을 해나가도록 하는 원동력이 될 수 있기 때문이다. 자동차 세일즈를 시작하는 새싹영업사원들부터 거의 모든 영업사원들에게는 자신만의 영업 멘토가 존재한다. 선배, 아버지, 사수, 영업팀장, 지점장, 본부장, 누구든 멘토가 될 수 있다. 멘토가 주는 에너지는 강력하고 힘이 있다. 그렇지만 멘토로부터 받는 힘이 '온전한 내 것'은 아니다. 나의 에너지와 함께 나만의 방향성을 만들어야 한다. 자신의 확고한 자동차 영업 철학을 만들어야 한다. 나만의 세일즈 철학이 있어야 한다. 지금 이 글을 읽고 있는 여러분은 자동차 영업에 대한 철학이 있는가?

많은 영업사원이 팔아야 한다는 절대적 명제 앞에서 모든 것을 내려놓게 된다. 흔히 '아침에 집을 나올 때 현관문 신발장 위에 자존심은 두고 나오라'는 이야기를 한다. 오늘, 판매 하는 데 방해가 되는 모든 것은 내려놓고 오라는 이야기이다. 팔아야 먹고 살기에 팔기 위해 모든 에너지를 쏟는다. '판매 대수는 곧 인격이다'라는 무지막지한 이야기가 있다. 판매의 결과가 제일 중요하다는 말이다.

그러나 판매하는 것에만 집중하여 영업의 본질을 놓쳐서는 안 된다. 많이 팔기만 하면 된다고 생각하는가? 판매에 필요한 스킬만 배우면 된다고 생각하는가? 물론 소통스킬과 클로징스킬 등 한마디로 테크닉이 좋으면 자동차를 팔 확률이 많이 올라간다. 내가 판매를 하기 위해 노력하고 애쓰는 것은 정말 바람직하다. 무언가 배우려고 하는 것도 정말 훌륭하다. 그렇지만 찬찬히 영업의 본질을 바라보는 시간을 더 가질 필요가 있다. 많은 영업 초심자들이 빠른 길을 가고자 한다. 영업의 대가, 영업의 판매 왕들을 따라 하고 그들의 노하우와 스킬, 테크닉을 배우려고 부단히 노력한다. 그것은 아주 필수적인 노력이지만 그 와중에 '자신의 것'이 빠지면 안 된다. 사실 냉정하게 이야기를 하면 스킬을 쌓으려고 하는 것은 그만큼 고객과의 신뢰감이 쌓이지 않았기에 필요한 것이다. 스킬이나 테크닉은 짧은 순간 최상의 효과를 낼 수는 있지만 거기에만 의존하는 것은 바람직하지 않다. 자동차 영업에서 스킬이나 테크닉이 없어도 판매가 이루어질 수 있는 수준까지 가야 한다는 것이다. 브랜드와 영업사원 본인만 보고도 자동차를 자연스럽게 구매하도록 해야 한다. 본질을 깨달아야 한다. 그것이 철학이 될 수 있다. 나의 기준을 먼저 세워야 한다. 어린아이의 눈으로 영업을 바라보아야 한다. 어린아이의 눈으로 필드를 바라보아야 한다. 어린아이의 눈으로 고객을 바라보아야 한다. 어린아이처럼 호기심이 많고 어린아이처럼 순진하고 어린아이처럼 천진난만하고 정직하고 솔직해야 한다. 그렇다. 어린아이처럼 어린아이의 눈으로 영업을 바라보는 것이 영업의 철학을 만드는 기준이 될 것이다. 어린아이가 성장해서 성인이 되듯이 그렇게 고객과 함께 성장해 나가야 한다. 그리고 내가 걷는 이 길이 맞는지 내가 가지고 있는 나의 철학이 맞는지 5년이 걸리든 10년이 걸리든 확인하고 걸어가야 한다. 그러기 위해서 영업을 시작하는 단계에서 직업에 대해 철학적인 깊이를 더해가야 한다. '자신이 가진 철학만큼 행복해진다'는 말을 잊지 말자.

"필요 없어요"라는 말이 나왔다는 건
신뢰가 충분히 구축되지 않았고
고객이 무엇을 원하고 갖고 싶어 하는지를
충분히 파악하지 못했기 때문이다.

　　　　　　　　　 - 도키 다이스케, 『왜 나는 영업부터 배웠는가』 중 -

4. 자동차 세일즈 윤리

자동차 영업 윤리는 가장 중요하지만 쉬쉬하고 넘어가는 경우가 많다. 학교에서 의무교육을 받으면서 우리는 가장 기본적인 인간으로서의 윤리를 배우게 된다. 윤리 과목이 있고 윤리 선생님이 있고 1년 내내 윤리에 대해서 배운다. 그렇지만 자동차 영업에서의 윤리는 입사 시 잠깐 교육을 통해서 언급되거나 그룹사 공통과목 교육으로 접할 뿐이어서, 와 닿지 않는 것이 사실이다. 자동차 영업사원이라면 꼭 내가 몸담고 있는 직업인 영업, 자동차 영업의 윤리를 항상 마음속에 품고 있어야 한다. 자동차 영업에 있어서 윤리에 대한 정확한 가이드를 만들면 좋다. 현재는 그냥 포괄적인 규정 안에 두루뭉술하게 언급되어 있는 경우가 많다. 저자도 영업 현장에 오래 있으면서 자동차 영업 윤리에 대해서는 정식으로 배우지는 못했다. 아무도 가르쳐주는 사람이 없기 때문이다.

자, 그렇다면 자동차 영업 윤리라는 중요한 부분을 알아보도록 하자. 첫 번째, 회사의 소속된 자동차 영업사원으로서 사내 규정을 준수하고 따라야 한다. 두 번째, 자동차 영업을 하면서 브랜드나 회사에 대한 명예와 신뢰를 떨어뜨리는 행위를 하지 말아야 한다. 세 번째, 자동차를 믿고 구매하는 고객에게 정성과 노력을 다해야 한다. 네 번째, 사적인 문제로 인해서 고객에게 불편함이 생기는 경우가 없어야 한다. 다섯 번째, 재직 여부와 상관없이 회사의 영업비밀 및 업무비밀을 꼭 지킨다. 여섯 번째, 고객정보는 반드시 비밀로 유지해야 한다. 일곱 번째, 금전적인 부분에 대해서 정직해야 하며, 금융사고로 인해 불편함이 없도록 사전에 철저히 원칙과 기준을 따라야 한다. 여덟 번째, 모든 업무는 정해진 프로세스를 준수한다. 아홉 번째, 자동차 영업사원 스스로 불법 및 부적절한 행위를 하지 말아야 한다. 열 번째, 대한민국 법이 정한 테두리 안에서 생활하고 활동해야 한다. 자동차 영업사원 스스로가 위와 같은 도덕 윤리를 다시 한 번 점검해봐야 한다.

정말 힘들 때 고객에게
"이번 한 번만 도와주시면 안 되겠습니까?" 하고
적극적인 도움을 요청한다.

진심을 담아서 말이다.

5. 자동차 세일즈 영업사원

자동차 영업사원이란

선천적으로 어떤 일을 할 능력을 타고난 사람도 있다. 그러나 자신의 능력이 무엇인지 몰랐다가 뒤늦게 자신이 가야 할 길을 찾는 후천적인 경우가 훨씬 많다고 본다. 그래서 자신이 어떤 분야에 선천적인 또는 후천적인 능력이 있는지 잘 알지 못했던 사람이 일을 했을 때 '재미'가 있다면 우리는 보통 그가 그 일을 할 능력이 있다고 본다. 자동차 영업이 재미있는가? 자동차 영업사원으로서 일하는 것이 재미있는가? 그렇다면 자동차 세일즈맨으로 일할 능력이 있는 것이다.

사실, 자동차 영업사원의 길은 멀고도 험난하다. 그래서 제일 중요한 것은 가장 가까이에 있는 가족의 관심과 지원, 도움이다. 그냥 관심을 주는 정도로는 부족하다. 많은 관심과 지지가 필요하다. 영업이라는 길은 눈물 나도록 외롭고 힘든 길이다. 때문

에 가족, 친구, 연인, 친척 등 주변 사람들의 적극적인 지지와 공감이 필요한 것이다. 영업사원이 되고 싶은가? 자동차 영업사원이 하고 싶은가? 지금부터 진지하게 고민을 해 볼 필요가 있다. 내가 영업을 해야 하는 이유가 있는지, 자동차 영업사원이 되고자 하는 강력한 의지가 있는지에 대한 고민 말이다.

　영업사원이 되기 전에 생각해 봐야 할 것이 몇 가지 더 있다. 첫 번째, 자기주도성이다. 자동차 영업사원은 자기독립적이어야 한다. 자기주도적이고 자기독립적인가? 자기독립적 DNA를 타고 났다고 생각하는가? 아니면 만들어 나가고 있는가? 두 번째, 기술이냐. 자동차 영업사원은 기술사인가? 영업은 기술인가? 라는 질문도 던지고 싶다. 세 번째, 자신감이다. 영업사원은 자신감을 가지고 있어야 한다. 네 번째, 고객을 대하는 마음가짐이다. 한마디로 자신감과 매너, 성숙한 애티튜드(Attitude)가 기본인 것이다.

덧붙이자면 자동차 영업사원은 지역전문가가 되어야 한다. 그리고 자동차 영업은 보험 영업과 똑같다는 걸 알아야 한다. 해약하면 손해인 것이 자동차 영업인 것이다. 그래서 첫 단추를 잘 끼워야 하고 롱런하는 영업사원이 되어야 한다. 최소 50년은 하겠다는 굳은 마음가짐을 가져야 하는 것이다. '모든 영광은 영업사원에게 돌려야 한다'는 저자의 마음이 잘 전달되었으면 한다. 그리고 또 하나 당부한다. 자동차 영업은 24시간 싸울 수 있는 체력이 바탕되어야 한다.

자동차 영업사원이 되려면

자동차 영업사원이 되기 위해서는 여러 가지 눈에 보이는 기준이 있을 수 있겠다. 회사에 따라 다르겠지만 고등학교 졸업자 이상이면 자동차 영업사원이 되기에 충분한 요건을 갖추었다고 볼 수 있다. 향후 관리직으로 전환을 원한다면 학력을 높여서 경쟁력을 쌓는 것이 필요할 것이다. 그러나 일반 영업사원에게 중요한 것은 바로 경력관리다. 영업에 대한 충분한 경험치도 중요하지만 어떤 영업의 길을 걸어왔는지도 중요하다. 영업을 이제 막 시작하거나 아직 시작하지 않은 경우라면 와 닿지 않을 수도 있겠지만 경력관리는 매우 중요하다.

최근 들어서 변한 부분은, 자동차 영업에 있어서 나이는 크게 중요한 기준이 되지 않는다는 점이다. 브랜드마다 조금씩 다를 수도 있고, 신입인지 경력인지, 저관여 제품군인지 고관여 제품군인지에 따라 다를 가능성도 있지만 말이다. 처음 영업을 시작하는 영업사원들의 나이는 대략 20대 중후반에서 30대 초중반이 가장 많다. 그렇지만 50세 이후 다시 신입사원으로 시작하는 경우도 있으니 영업에 있어서 나이는 크게 중요하지 않다고 할 수 있겠다.

한편 외모나 패션은 자동차 영업사원에게 중요하다. 겉모습이 판매에 영향을 미친다는 것이다. 자신의 외모, 특히 정장을 입었을 때의 모습에 관심을 가져야 한다. 특히 자동차 영업사원의 얼굴은 중요하다. 피부 톤이며 전체적인 표정이 중요한데 그중에서도 가장 중요한 것은 바로 눈이다. 영업사원의 눈은 정말 중요한 판매 포인트가 된다. 자신의 눈을 유심히 거울을 통해서 바라보기 바란다. 눈은 마음을 보는 창이라고 한다. 당신의 마음이 보이는가? 맑고 깨끗한 건강한 눈동자를 가지고 있어야 한다.

그리고 말투와 표현법이 중요하다. 누구나 모두가 말을 잘하면 좋겠지만, 말을 잘하지 못하는 경우라면 더욱 말투와 표현법이 중요하다. 정직하고 진심 어린 말을, 적절하게 표현하는 것부터 해보자.

목소리도 영업사원에게는 빼놓을 수 없는 중요한 요소다. 지금 당장 여러분의 목소리를 스마트폰 녹음기능을 통해서 녹음해 보고 직접 들어보라. 여러분이 판단하는 여러분의 목소리는 어떠한지 말이다. 김창옥 교수는 '목소리를 바꾸는 과정은 인생을 바꾸는 과정이다'라고 말했을 정도로 목소리는 중요하다. 누가 들어도 듣기 좋은 차분한 목소리를 가질 수 있도록 지금부터 노력해야 한다.

글쓰기도 중요한 요소 중 하나다. 구체적으로 말하자면 문장력이 중요하다. 문장력은 얼마나 많은 책을 읽었느냐에 따라서 달라진다. 책을 많이 읽은 사람일수록 언어나 문장들을, 세련되게 다듬어 표현할 수 있다. 알기 쉽고 간결한 문장력을 구사하기 위해 책을 많이 읽는 노력이 필요하다.

마지막으로 자동차 영업사원은 판단력이 중요하다. '순간의 판단이 10년을 좌우한다'는 광고 문구도 있듯이, 짧은 순간에 어떤 판단을 하는지에 따라서 능력을 인정받고 급상승할 수도 있고 평가절하를 당할 수도 있는 것이다. 적절하고 올바른 판단력을 내릴 수 있는 준비가 되었는지 잘 살펴야 한다.

자동차 영업사원 되기

나는 과연 자동차 영업사원으로서 자질이 있는가? 곰곰이 생각을 해보자. 자동차 영업사원으로서 기준에 적합한가? 그렇다면 자동차 영업사원으로 시동을 걸어볼 때가 되었다. 자동차 영업은 굴리면 굴릴수록 커지는 눈덩이처럼 시간이 지나야 빛을 발하는 직업이다. 단지 처음 시작이 힘들고 어려울 뿐이다. 그래서 자동차 영업사원에 대한 의지가 확고해야 한다. 사실 자동차 영업사원의 진입장벽은 낮은 편이다. 그러다 보니 힘든 상황이 발생했을 때 버티지 못하고 포기하는 경우가 자주 발생한다. 모 국산 자동차의 정규직 영업사원의 경우처럼 근로자로서 정년을 보장받을 수 있는 특별한 경우를 제외하고는 신입사원으로 시작해서 자동차 영업을 오랫동안 해나가기란 쉽지 않다.

　퇴사를 하게 되는 데는 여러 가지 이유가 존재한다. 나의 의지와는 상관없이 회사가 존속되지 못하는 경우도 있고, 회사나 팀의 분위기로 인해 근속을 못하는 경우도 있다. 하지만 역시 가장 큰 퇴직 사유는 함께하는 사람들과의 관계로 인한 것이다. 고객과의 불편한 관계, 직장 동료와의 갈등으로 인해 퇴직을 결심하게 되는 것이다. 더불어 영업실적이 좋지 않아서, 주변의 만류로, 금전적인 이유로 퇴직하게 될 수도 있다. 잡코리아의 2015년 연구보고서에 따르면 대한민국 신입사원 중 대기업 입사 뒤 1년 안에 퇴사하는 경우가 무려 25%에 이른다고 한다. 대기업에 다니는 신입사원 네 명 중 한 명, 중견기업(중소기업) 다니는 신입사원 세 명 중 한 명은 이직 또는 퇴사를 한다고 하니 영업직군만의 문제로 볼 것은 아니다. 하지만 사회인으로서 직장생활을 해나간다는 것은 쉽지 않다는 것을 알아둘 필요가 있다.

　위의 논의는 차치하고, 그렇다면 자신이 자동차 영업사원이 될만한 자질을 갖췄는지 살펴보자. 아래의 사항들을 보고 스스로 판단하면 된다. 첫째, 군대 같은 조직문화를 분위기를 잘 따르고 받아들일 수 있는가? 영업은 평범한 직장생활 정도로 생각해서는 안 된다. 나이 먹고 다시 군대생활을 하는 정도로 힘들 수 있다. 그런 분위기를 잘 받아들이고 감내해야 영업사원으로서 성공적인 생활을 해나갈 수 있다. 둘째, 모든 일들이 고객 중심으로 돌아가는 영업 현장의 갑과 을 관계를 충분히 받아들일 수 있어야 한다. 때로는 힘들고 무리한 요구를 하는 고객이 존재하기 때문이다. 고객은 아무런 잘못이 없다. 회사도 아무 잘못이 없다. 모든 잘못이 영업사원인 나에게 귀속되는 불편함이 생길 수 있다. 그렇지만 이런 납득하기 어려운 부분들을 자존심을 내려놓고 잘 받아들이고 감내할 수 있어야 한다. 셋째, 영업은 '하이리스크 하이리턴(High risk High return)'이 적용되는 직군이라, 잘 되면 좋겠지만 잘 되지 못했을 때 쏟아지는 스트레스가 어마어마하다는 것을 알아야 한다. 이것을 감당할 수 있는가? 한 달 동안 한 대도 못 팔 수 있고, 두 달 동안 한 대도 못 팔 수도 있다. 조직생활과 내부생활, 고객과의 관계가 모두 좋지만 정작 실적으로 결과를 만들어 낼 수 있는 능력이 없다면 정말 힘든 직업이다. 우선 신입 영업사원으로서 앞에서 이야기한 세 가지를 잘 받아들일 준비가 되어 있다면 여러분들은 충분히 영업을 할 준비가 되어 있는 것이다.

자동차 영업사원 그들은 누구인가?

자동차 영업사원 하면 무엇이 먼저 떠오르는가? 땀을 뻘뻘 흘리고 바쁘게 움직이고 있는 모습이 떠오르는가? 아니면 세련되고 근사한 정장을 입고 전시장에서 고객을 상담하는 멋진 모습이 떠오르는가?

저자는 운이 좋게도 수백 명의 영업사원을 직접 채용할 기회가 있었다. 인사전문가는 아니었지만 최선을 다해 뽑았고, 단순한 영업사원이 아니라 '프로'를 뽑으려고 노력했다. 영업을 왜 하는지, 영업사원이 되려고 하는 이유가 무엇인지 물어보면 수천명 중 대다수의 지원자들이 '돈을 벌기 위해서' 영업을 한다고 얘기한다. 단도직입적으로 이야기를 하자면 영업을 하고 싶어서 영업을 하는 영업사원들은 많지 않은 것이 사실이다. 단지 최소의 비용, 노력으로 최대한의 돈을 벌고 싶어 하는 것이다. 모든 기준이 돈으로 획일화 되는 것은 슬픈 일이지만 돈을 직업 선택의 기준으로 가지고 있는 사람들의 비율이 높아지고 있는 것은 사실이다.

그렇다면 신세대 자동차 영업사원은 어떤 사람들인가? 자동차 영업을 막 시작한 그들의 능력과 가능성은 엄청나다. 그들의 아이디어는 뛰어나다. 그들의 상상력은 더 뛰어나다. 장점들이 더욱 많은 요즘의 신세대 자동차 영업사원들을 어떻게 영업 현장으로 진입할 수 있게 도와줄지, 그들의 눈높이에 맞는 자동차 산업 현장에 대한 고민이 필요하다. 모든 패러다임이 바뀌었다. 신세대 영업사원, 그리고 영업사원을 바라보는 시선이 바뀌고 있다. 어떻게 그들을 바라보고 함께 할 것인가? 다 같이 고민해야 할 숙제다.

6. 자동차 세일즈 고객

'영업사원은 고객이 키우는 것이다'라는 말이 있다. 정말 재미 있지 않은가? 이 말속에 녹아있는 의미를 더욱 곱씹어 볼 필요 가 있다. 우리의 고객은 누구인가? 나의 고객이 누구인지 한 번 곰곰이 생각해보라. 떠오르는 고객이 많을 것이다. 사실 우리의 전형적인 고객을 타겟으로 삼는 것은 아주 쉽고 1차원적인 일 이다. 오랜 세월 동안 여러 산업군에서 고객에 대한 모든 정답 을 만든 것처럼, 자동차 영업의 고객도 어느 정도는 정리되어있 기 때문이다. 하지만 저자는 "우리의 고객이 누구인가?"라는 물 음에 "우리의 고객은 이건희 삼성그룹 회장입니다"라고 답한다. '아니 이건희 회장이 어떻게 우리의 고객이 될 수 있지?'라고 고 개를 갸우뚱할 수도 있다. 한번은 이런 에피소드가 있었다. 세 계적으로 유명한 자동차 A사의 전시장이 용산구 한남동에 위치 하고 있다. 자동차를 팔기에 유리한 위치인 대한민국 최고의 부자들 집 앞에 전시장이 있는 것이다. B라는 영업사원이 여느 때와 다름없이 야간 당직근무를 서고 있는데 어디서 많이 본듯한 얼굴의 고객분이 전시장 문을 열고 들어왔다. 그는 눈을 의심하지 않을 수 없었다. 바로 삼성그룹 이건희 회장이 전시장 문을 열고 들어왔기 때문이다. 이러한 상황에 여러분이라면 어떠하겠는가? 자동차를 좋아하는 자동차 애호가이자 전문가인 세계적인 그룹사의 회장님이 내가 판매하는 자동차에 관심을 갖고 물어본다면 어떤 기분이 들겠는가? 어떤 마음이 생기겠는가? 이런 일이 벌어질 가능성은 충분히 있다. 따라서 우리의 고객은 이건희 삼성그룹 회장이라고 생각하는 것이 필요하다. 실제로 여러분들이 이건희 회장과 자동차에 관해 상담을 한다고 생각해보자. 만나기 전의 당신의 마음은 어떠한가? 당신의 복장은 어떠

한가? 그리고 자동차에 관해서는 어떤 상담준비를 하고 있는가? 언제 볼 것인가? 어디서 볼 것인가? 어떤 이야기를 할 것인가? 정말 이건희 회장을 직접 고객으로 모시는 경우는 드물겠지만, 내가 만나는 모든 고객을 '이건희 회장'님 대하듯 만나야 한다. 다시 말하면 고객 한분 한분이 소중하며 쉽지 않다는 뜻이다.

이렇게 모든 고객을 잘 관리하는 것도 중요하지만 선행되어야 할 부분은 역시 고객 수를 늘리는 것이다. 그렇다고 무작정 고객의 수만 늘리라는 것은 아니다. 늘릴 수 있는 고객이 그리 많지도 않은 것이 사실이기 때문이다. 그래서 '전략적 고객발굴'이 중요하다. '전략적 고객발굴'은 어떻게 하는 것일까? (이 부분에 대한 이야기는 제5장의 '세일즈 프로세스'에서 좀 더 깊게 다루기로 하겠다. 여기서는 어떻게 전략적으로 고객발굴을 해야 할지 과제를 주는 정도에 그치려고 한다) 그렇다면 우리의 고객은 어떤 사람들일까? 어느 정도 짐작은 가겠지만, 비싼 자동차에 관심을 갖고 사려는 고객이기 때문에 서비스에 대한 기대치가 높다. 이 말을 다시 읽어보기 바란다. "고객은 기대치가 높다" 이러한 고객을 여러분들이 온몸으로 만족시켜야 하는 것이다. 벌써 숨이 막혀오는가? 그렇다고 너무 어렵게 생각할 필요는 없다.

영업의 시작은 고객을 보는 것이다. 영업사원은 한 가지를 원하는데 고객은 모든 것을 원한다. 정말 쉽지 않지 않은가? 우호적인 고객이 대다수지만 블랙컨슈머, 안티 고객으로 불리는 부정적인 고객들도 많이 있다. 이러한 부정적 고객을 자기발전의 밑거름으로 삼아야 한다. 그러려면 고객의 마음을 잘 알아야 한다. '한 번 길들여진 고객은 잘 떠나지 않는다'라는 전설 같은 이야기가 있다. 자동차 영업사원에게 생애 첫 고객을 만든다는 것은 상당히 중요하다. 첫 고객을 어떻게 만들지, 어떻게 내 고객으로 계속 유지를 해나갈지 고민을 해보자. 그리고 가장 기본적으로 고객에 대해서 알아야 할 것은 '고객은 바쁘다'는 점이다. 어떻게 고객을 방해하지 않을 수 있을지도 고민해야 할 부분이다.

마지막으로 할 이야기는 많지만 '고객은 외계인이다'라는 말을 해주고 싶다. 세상에 존재하는 모든 고객은 '외계인'으로 보아야 한다. 『화성에서 온 남자 금성에서 온 여자』라는 유명한 책 이름처럼 '화성에 온 고객 금성에서 온 영업사원'이랑 마찬가지다. 어쩌면 우리 모두가 외계인일 수 있다. 서로의 눈높이가 다른 것이다. 이러한 고객을 어떻게 맞이할 것인가? 어떻게 레벨링(Leveling) 할 것인가? 충분히 시장을 배우고 고객을 학습하는 과정이 필요하다. 고객을 보는 것이 영업의 시작이다.

제2장

자동차 세일즈
매너 일반

automobile sales manners

1. 자동차 세일즈 매너

예절은 곧 생활이며 나의 얼굴이 될 수 있다. 고객과 가장 가까이에 있는 자동차 영업사원의 매너, 태도 등은 브랜드 제고 및 회사의 매출에 직간접적인 영향을 미친다. 자동차 영업사원의 세일즈 매너가 무엇보다 중요하다는 뜻이다. 비즈니스 매너가 좀 더 넓고 큰 영역이라면 자동차 세일즈 매너는 비즈니스 매너의 세부영역으로서 아주 전문화된 영역이라고 이야기 하고 싶다. 영업을 처음 시작해서 영업에 대해 잘 모르면 내가 잘못을 했는지조차 모를 수 있다. 해당 산업군을 알아야 하고 그 산업군의 전문 매너를 배워야 한다. 그래서 자동차 세일즈 매너는 이론의 영역보다 경험의 영역이 더 크다. 깨지고 부딪히고 해서 직접 터득하지 않으면 그 감을 잡기가 상당히 어려운 점이 있다. 일반 책으로도 비즈니스 매너나 기타 매너는 배울 수 있다. 하지만 자동차 세일즈 매너는 실제 고객과의 접점에서 경험해보지 않으면, 겪어보지 않으면 아무리 설명을 해줘도 이해할 수 없는 영역이다. 경험에서 나오는 섬세함이 필요하기 때문이다. 또한 오랜 경험에 나오는 본능적인 에너지도 작동한다. 그래서 영업 매너는 자동차 영업 경험과 교육이 중요하다. 모든 영역이 그러하겠지만 특히 이런 영역에서는 정답이 존재하지 않는다. 정답에 가까운 자신만의 해답이 존재할 뿐이다. 축적된 자신만의 경험과 세일즈 매너를 갖추자.

여기서는 가장 일반적인 기본적인 세일즈 매너 교육에 대해서 알아보도록 하겠다. 자동차 세일즈 매너 중에서도 본인이 잘할 수 있는 쪽의 기량을 키워 나갈 수 있도록 책이 안내할 것이다. 자동차 세일즈 매너 교육은 충분한 시간이 필요하고 지속적인 반복교육과 반복학습이 필요한 부분이다. 어쩌면 좀 더 차별화된 자동차 세일즈 매너가, 교육이 필요할지도 모르겠다.

2. 자동차 세일즈 매너 철학

자동차 세일즈 매너에도 '철학'이 있을까? 어쩌면 '철학'이란 말 자체가 쉽게 다가오지 않을 수 있다. (앞부분에서 자동차 세일즈의 철학에 대해서 잠깐 언급했다) '자동차 세일즈 매너 철학'이라고 하면 너무 거창하다고 생각할 수도 있다. 하지만 자동차 세일즈 매너에 있어서 '철학'은 음악에 있어서 클래식과 같은 것이라고 볼 수 있다. 클래식은 완성된 음악이라고 한다. 수백 년간 모든 음악이 클래식에서 다 나왔다. 클래식은 이처럼 모든 경우에 기준을 제시할 수 있는 것을 말한다. 자동차 세일즈 매너 철학도 모든 영업 상황에 적용할 수 있는 기준을 제시한다. 그래서 필요한 것이다.

저자는 가장 중요한 자동차 세일즈 매너 철학이 '일어나지 않은 일에 대한 배려'라고 말하고 싶다. 이 말은 미리 예측한다는 뜻이다. '고객이 느끼기에 아무 일도 일어나지 않은 것처럼 느끼게 하는 것이다. 이 말은 '모든 서비스가, 모든 일의 진행이 고객의 불편함이 없도록 눈에 보이지 않게 잘 제공되도록 한다'는 것을 의미하기도 한다. 고객은 서비스를 받으면서 아무런 부담감을 느끼지 않고 모든 과정에서 만족스러워야 한다. 이것을 다르게 이야기하면 '프리미엄 세일즈 매너'라고도 부를 수 있겠다.

다만 너무 과하거나 지나친, 상대방이 부담스러워하는 서비스를 제공하는 것보다 균형감 있는 자동차 세일즈 매너를 제공하는 것이 중요하다. 예로부터 중국인들은 내적 아름다움을 중시해 왔다. 그래서 눈에 보이지 않는 마음, 속을 다스리는 방법을 많이 연구해 오고 발전해 오고 있다. 속을 다스린다는 것은 무엇인가? 내 안에 내공을 쌓는 것이다. 중국의 차(茶) 문화가 발달하여 온 것도 내적인 아름다움을 키워가는 또 다른 방식이라 이야기할 수 있겠다. 물론 겉으로 드러나는 외적인 아름다움도 중요하다. 아마도 한국이 이러한 외적인 아름다움을 표현하는 데 있어서는 최고인 나라 중에 하나일 것이다. 요즘 한국산 화장품이 중국, 아시아의 열풍을 넘어 유럽, 미국에서 큰 열풍을 일으키고 있는 것만 봐도 알 수 있다. 이러한 내적인 아름다움과 외적인 아름다움의 균형감이 중요하다. 자동차 세일즈 매너도 균형감이 중요하다. 그리고 눈에 보이지 않는 미묘한 작은 차이를 소비자인 고객에게 어떻게 각인시키느냐가 바로 자동차 세일즈 매너의 수준을 결정한다. 이 수준의 차별화가 곧 경쟁력이 되는 것이다. 자동차 영업사원의 경쟁력이 회사의 경쟁력이 된다. 이러한 차별화된 자동차 세일즈 매너를 내 것으로 만들고 나의 경험과 재능을 나 이외의 모든 사람들에게 나누는 것이 자동차 세일즈 매너의 철학이자 시작이라고 할 수 있겠다.

아이의 눈으로 고객을 바라보고 대해야 한다. 그만큼 순수하고 호기심 많고 신나게 고객을 맞이하고 대해야 한다는 것이다. 그리고 이러한 자동차 세일즈 매너 경험의 선순환 구조를 만들어야 한다. 자동차 세일즈 매너는 경험을 나누는 것이다. 이러한 자동차 세일즈 매너 경험들은 자동차를 영업을 하는 동안 스스로를 지탱하는 힘이 될 것이다. 이렇게 되기 위해서는 스스로 부단한 노력과 에너지를 쏟아야 한다. 그런 점에서 자동차 세일즈 매너 철학은 곧 '대체 불가능한 경험치'라고 이야기할 수 있겠다.

자동차 세일즈 매너를 '관심'이라고도 이야기할 수 있겠다. 여기서 저자가 이야기하는 관심은 '상대방의 마음을 본다'는 뜻이다. 고객의, 소비자의 마음을 읽기가 쉬운 것만은 아니다. 하지만 어린아이와 같은 순수한, 관심이 있다면 모두가 누구나가 상대방의 마음을 열 수 있고 볼 수 있다.

자동차 세일즈 매너에 대한 철학을 만들고 내 것으로 키워나가야 한다. 자동차 세일즈 매너 철학은 기준이 있는 것은 아니다. 영업 부서마다, 영업사원마다 가지고 있는 문화 같은 것이다. "이렇게까지 해주시나요? 정말 감동이네요. 정말 센스 있고 매너 있으시네요. 당신 같은 영업사원은 처음 보았습니다. 다른 고객을 꼭 소개해 드릴게요"라는 말이 고객 입에서 나와야 한다. 자신감을 가지고 스스로를 회사를 대표하는 사람이라고 생각해야 한다. 회사를 대표한다는 의식, 그리고 내가 다루는 브랜드에 대한 전문성이 있어야 자동차 세일즈 매너 철학이 생긴다. 내가 담당하는 나의 고객이 누군지 알아야 자동차 세일즈 매너 철학이 생긴다. 자동차 세일즈 매너는 곧 생활이다. 정성, 노력, 소통, 여유, 진지함이 동반되어야 한다.

자동차 세일즈 매너 철학은 기준이 있는 것이 아니라 만들어 가는 것이다. 내가 나만의 자동차 세일즈 매너 철학을 만들어 실천, 실행하면 되는 것이다. 여기서는 기본적인 상식 수준에서의 기준을 이야기해보았다. 이 글을 읽고 있는 독자 여러분들은 참조하면 된다. 구체적인 것은 각자의 위치에서 스스로 발전시켜 나가면 되는 것이다.

3. 자동차 세일즈 매너 윤리

학창 시절에 '국민윤리'와 '도덕'이라는 과목을 배운 적이 있다. 그때 가르쳐주신 윤리 선생님은 어렴풋이 기억난다. 그렇지만 무얼 배웠는지 어떤 내용인지 정확한 기억은 나지 않는다. 윤리는 공기와 같다. 내가 살아가도록 해주는 가장 중요하고도 기본적인 조건인 것이다. 도덕성과 윤리는 우리의 삶을 풍요롭게 하는 가장 중요한 덕목 중 하나이기도 하다. 눈에 보이지 않는다고 해서 이러한 기준을 내려놓지 말아야 하는 것이다.

자동차 세일즈 매너 윤리 또한 눈에 보이진 않지만 가장 우선적으로 소비자 고객에게 제공되어야 할 것들이다. 조직 전체차원의 가이드 라인도 중요하지만 자동차 영업사원 스스로 지키는 '신독' 같은 개인윤리가 더욱 중요하다. 회사가 기준을 만들고 확립하지만 이를 행하고 고객에게 제공하는 것은 바로 자동차 영업사원이기 때문이다. 고객과의 세일즈 매너 윤리, 직원 간의

세일즈 매너 윤리, 업무에 대한 세일즈 매너 윤리, 계약에 대한
세일즈 매너 윤리 등을 지키고 세워야 할 것이다.

4. 자동차 세일즈 매너 불변의 법칙

얼굴은 바꿀 수 없어도 표정은 바꿀 수 있다. 웃어야 한다. 좀 더 정확히 이야기를 하면 미소를 지어야 한다. 그리고 에너지를 뿜어야 한다. 마음속의 에너지를 고객에게 뿜어내야 한다. '지금 내 앞에 있는 고객님이 행복했으면 좋겠습니다'라는 에너지 말이다. 그리고 '고객님이 잘 되었으면 좋겠다'는 긍정적인 에너지를 뿜어야 한다. 그리고 자동차 영업사원인 나 스스로 중심을 잡아야 한다. 내가 제공하는 서비스가 최고의 서비스이며 고객을 기분 좋게 한다는 스스로에 대한 최면이 필요하다. '나는 고객에게 최고의 가치를 제공하는 일을 합니다', '나는 고객에게 최고의 세일즈 매너를 제공하고 있습니다' 이러한 자세 및 태도는 어떤 환경이든, 어떤 고객이든 변함이 없어야 한다. 고객을 자동차 영업사원이 판단하고 예단하는 일은 없어야 하는 것이다. 고객을 겉모습으로만 판단하고 대하는 태도는 지양해야 한다. '모

든 것이 영업의 일환이며 철저하게 관리된다'는 것이 '자동차 세일즈 매너 불변의 법칙'이다. 자동차 세일즈 매너도 타고난 DNA가 있어야 한다. 기본적인 바탕이 있어야 한다는 말이다. 그 바탕 위에 자동차 세일즈 매너가 자연스럽게 스미는 것이다. 선천적인 인자(DNA)도 중요하지만 후천적인 노력과 계발이 더욱 필요하다.

제3장

자동차 세일즈 매너 100가지

automobile sales manners

자동차 세일즈 매너 100가지

"난 날마다 새롭게 변했을 뿐입니다."

- 빌 게이츠, 마이크로 소프트 창업자

자동차 세일즈 매너는 새롭게 변화하고 발전해 나가야 한다. 뉴노멀의 시대인 지금, 새로운 자동차 세일즈 매너에 대한 기준이 필요하다. 아래는 자동차 세일즈 매너에 대한 질문 114가지를 모은 것이다. 질문에 대한 각자의 자동차 세일즈 매너를 정립해보고 만들어 나가자.

1. 고객과의 약속을 못 지킬 때 발휘해야 하는 세일즈 매너는 무엇일까요?

2. 안티 고객을 응대하는 세일즈 매너는 무엇일까요?

3. 우호적인 고객을 응대하는 세일즈 매너는 무엇일까요?

4. 가망 고객을 응대하는 세일즈 매너는 무엇일까요?

5. 재구매를 원하는 고객에 대한 세일즈 매너는 무엇일까요?

6. 신차 구매 후 고객의 불만이 생겼을 때 필요한 세일즈 매너는 무엇일까요?

_____

_____

_____

7. 인터넷 온라인 문의고객을 응대할 때 필요한 세일즈 매너는 무엇일까요?

_____

_____

_____

8. 고객정보를 입력하거나 기록할 때 필요한 세일즈 매너는 무엇일까요?

_____

_____

_____

9. 고객에게 고마움을 표시하는 세일즈 매너는 무엇일까요?

_____

_____

_____

10. 고객의 관심을 유도하는 데 필요한 세일즈 매너는 무엇일까요?

11. 고객의 이름을 부를 때 필요한 세일즈 매너는 무엇일까요?

12. 고객의 기념일 관리와 관련된 세일즈 매너는 무엇일까요?

13. 고객과의 시승 운행 중 지켜야 할 세일즈 매너는 무엇일까요?

14. 고객에게 자동차를 권유할 때 필요한 세일즈 매너는 무엇일까요?

15. 고객이 질문하는 물음에 답을 못할 때 필요한 세일즈 매너는 무엇일까요?

16. 고객에게 고객정보를 요청할 때 필요한 세일즈 매너는 무엇일까요?

17. 고객과의 약속을 잡을 때 필요한 세일즈 매너는 무엇일까요?

18. 고객과의 약속을 잡을 때 약속장소에 관련된 세일즈 매너는 무엇일까요?

_____

_____

_____

19. 고객이 상담 중 불만을 토로할 때 필요한 세일즈 매너는 무엇일까요?

_____

_____

_____

20. 저녁 마감 시간에 전시장에 찾아온 고객에 대한 세일즈 매너는 무엇일까요?

_____

_____

_____

21. 이른 아침 오픈 전 전시장에 찾아온 고객에 대한 세일즈 매너는 무엇일까요?

_____

_____

_____

22. 시승만 원하는 고객을 대하는 세일즈 매너는 무엇일까요?

23. 상담보다 사은품만 원하는 고객을 대하는 세일즈 매너는 무엇일까요?

24. 비교문의만 하고 사지는 않는 고객에 대한 세일즈 매너는 무엇일까요?

25. 고객이 할인을 요구할 때 필요한 세일즈 매너는 무엇일까요?

26. 고객이 무리한 할인을 요구할 때 필요한 세일즈 매너는 무엇일까요?

27. 고객에게 실수를 했을 때 필요한 세일즈 매너는 무엇일까요?

28. 고객에게 보내는 문자 내용에 관련된 세일즈 매너는 무엇일까요?

29. 고객에게 문자를 보낼 때 보내는 시간에 관련된 세일즈 매너는 무엇일까요?

30. 기본적인 고객관리의 세일즈 매너는 무엇일까요?

----

31. 고객의 동의를 구할 때 필요한 세일즈 매너는 무엇일까요?

----

32. A/S 고객 예약에 관련된 세일즈 매너는 무엇일까요?

----

33. 차량을 출고하고 난 이후의 세일즈 매너는 무엇일까요?

----

34. 차량 설명 시 필요한 세일즈 매너는 무엇일까요?

35. 고객이 차량을 빨리 받기를 원할 때 필요한 세일즈 매너는 무엇일까요?

36. 계약 고객, 출고 고객의 가족과 관련된 세일즈 매너는 무엇일까요?

37. 고객의 관심사에 관련된 세일즈 매너는 무엇일까요?

38. 고객이 다른 차를 구매하였을 때 필요한 세일즈 매너는 무엇일까요?

-----

39. 한동안 관리가 소홀했던 고객을 관리하는 세일즈 매너는 무엇일까요?

-----

40. 선배 등 퇴사한 영업사원이 담당했던 고객을 관리하는 세일즈 매너는 무엇일까요?

-----

41. 고객의 생애 첫 자동차의 구매일 때 필요한 세일즈 매너는 무엇일까요?

-----

42. 나이가 어린 고객에 대한 세일즈 매너는 무엇일까요?

43. 나이가 많은 고객에 대한 세일즈 매너는 무엇일까요?

44. 브로슈어만 원하는 고객을 응대하는 세일즈 매너는 무엇일까요?

45. 내년에 차를 구매하겠다는 고객을 응대하는 세일즈 매너는 무엇일까요?

46. 고객이 다른 영업사원과의 상담을 원할 때 필요한 세일즈 매너는 무엇일까요?

_____

_____

_____

47. 고객이 고객의 개인적인 도움을 요청할 때 필요한 세일즈 매너는 무엇일까요?

_____

_____

_____

48. 고객이 돈을 빌려달라고 할 때 필요한 세일즈 매너는 무엇일까요?

_____

_____

_____

49. 고객이 자동차 상담 이외의 불편하거나 무리한 요구를 할 때 필요한 세일즈 매너는 무엇일까요?

_____

_____

_____

50. 오랜 시간 상담을 받는 고객을 대하는 세일즈 매너는 무엇일까요?

51. 나의 고객이 아닌 다른 영업사원의 고객과 상담할 때 필요한 세일즈 매너는 무엇일까요?

52. 담당 영업사원 부재 시 전시장으로 찾아온 고객에 대한 필요한 세일즈 매너는 무엇일까요?

53. 고객에게 우편물을 보낼 때 필요한 세일즈 매너는 무엇일까요?

54. 고객에게 명절 및 기념일 고객관리 차원에서 선물을 보낼 시 필요한
    세일즈 매너는 무엇일까요?

55. 고객 차량 탁송 시 필요한 세일즈 매너는 무엇일까요?

56. 고객에게 자동차보험 안내 시 필요한 세일즈 매너는 무엇일까요?

57. 고객상담 시 메모를 할 때 필요한 세일즈 매너는 무엇일까요?

58. 전시장 방문 약속에 관련된 세일즈 매너는 무엇일까요?

59. 시승 약속에 관련된 세일즈 매너는 무엇일까요?

60. 영업활동지역에 관련된 세일즈 매너는 무엇일까요?

61. 고객과의 상담에서 솔직함과 정직함에 관련된 세일즈 매너는 무엇일까요?

62. 고객과의 상담에서 선의의 거짓말에 관련된 세일즈 매너는 무엇일까요?

---

63. 고객의 질문에 대한 피드백을 전할 때 필요한 세일즈 매너는 무엇일까요?

---

64. 전시장 당직 근무 시 점심 식사 시간 세일즈 매너는 무엇일까요?

---

65. 책상 관리 세일즈 매너는 무엇일까요?

---

66. 고객서류 준비 안내 시 필요한 세일즈 매너는 무엇일까요?

67. 고객 계약서 작성 시 필요한 세일즈 매너는 무엇일까요?

68. 고객 할부금융 진행 안내 시 필요한 세일즈 매너는 무엇일까요?

69. 고객 중고차 진행 안내 시 필요한 세일즈 매너는 무엇일까요?

70. 상사에게 보고 시 필요한 세일즈 매너는 무엇일까요?

---

71. 고객에게 인사할 때의 세일즈 매너는 무엇일까요?

---

72. 고객과의 전화 통화 종료 시 필요한 세일즈 매너는 무엇일까요?

---

73. 고객과의 대면 상담 종료 시 필요한 세일즈 매너는 무엇일까요?

---

74. 고객에게 전시장 위치 안내 시 필요한 세일즈 매너는 무엇일까요?

_____

_____

_____

75. 고객과 상담 중 다른 고객의 전화가 걸려왔을 때 필요한 세일즈 매너는 무엇일까요?

_____

_____

_____

76. 고객과 상담 중 다른 고객이 찾아왔을 때 필요한 세일즈 매너는 무엇일까요?

_____

_____

_____

77. 영업사원이 쉬는 날 고객이 상담을 원할 때 필요한 세일즈 매너는 무엇일까요?

_____

_____

_____

78. 고객이 구매 결정을 못할 때 필요한 세일즈 매너는 무엇일까요?

---

79. 고객이 차가 마음에 들지 않는다고 할 때 필요한 세일즈 매너는 무엇일까요?

---

80. 고객의 차가 사고를 당했을 때 필요한 세일즈 매너는 무엇일까요?

---

81. 고객이 견적을 요청할 때 필요한 세일즈 매너는 무엇일까요?

---

82. 고객이 계약을 할 때 계약 장소에 관련된 세일즈 매너는 무엇일까요?

---

83. 고객이 원하는 차량 재고가 없을 때 필요한 세일즈 매너는 무엇일까요?

---

84. 계약체결 후 고객이 차량을 인도받기 전까지 시간이 오래 걸릴 때 필요한 세일즈 매너는 무엇일까요?

---

85. 고객이 계약깨기를 원할 때 필요한 세일즈 매너는 무잇일까요?

---

86. 고객 상담 시 계산기를 사용할 때 필요한 세일즈 매너는 무엇일까요?

---

87. 영업사원이 회사 배지를 착용하는 데 관련된 세일즈 매너는 무엇일까요?

---

88. 고객상담 시 향수를 사용할 경우에 관련된 세일즈 매너는 무엇일까요?

---

89. 영업사원이 구두를 신는 것과 관련된 세일즈 매너는 무엇일까요?

---

90. 자동차 전시장에서 음악을 선곡하는 것과 관련된 세일즈 매너는 무엇일까요?

---

91. 영업사원의 두발에 관련된 세일즈 매너는 무엇일까요?

---

92. 영업사원이 사용하는 필기구에 관련된 세일즈 매너는 무엇일까요?

---

93. 영업활동 시 현수막을 달 때 필요한 세일즈 매너는 무엇일까요?

---

94. 고객 클로징 시 필요한 세일즈 매너는 무엇일까요?

95. 입사 후 첫 출근 시 필요한 세일즈 매너는 무엇일까요?

96. 첫 계약 시 필요한 세일즈 매너는 무엇일까요?

97. 첫 출고 시 필요한 세일즈 매너는 무엇일까요?

98. 영업사원 회사 출근 시간에 관련된 세일즈 매너는 무엇일까요?

99. 영업사원 회사 퇴근 시간에 관련된 세일즈 매너는 무엇일까요?

100. 나이가 많은 후배 영업사원과 지낼 때 필요한 매너는 무엇일까요?

101. 남녀 영업사원 간의 매너는 무엇일까요?

102. 영업사원의 자동차 운전과 관련된 세일즈 매너는 무엇일까요?

103. 고객의 차량출고 시 필요한 세일즈 매너는 무엇일까요?

104. 영업사원의 경력관리와 관련된 세일즈 매너는 무엇일까요?

105. 영업사원의 시간 관리와 관련된 세일즈 매너는 무엇일까요?

106. 영업사원 자신의 지인들과 관련된 세일즈 매너는 무엇일까요?

107. 영업사원의 옷 입기와 관련된 세일즈 매너는 무엇일까요?

108. 전시장에서 전시 차량을 닦을 때 필요한 세일즈 매너는 무엇일까요?

109. 시승차량을 관리할 때 필요한 세일즈 매너는 무엇일까요?

110. 영업사원이 신입사원 입사 후 '루키 시즌'을 보낼 때 필요한 세일즈 매너는 무엇일까요?

_____

_____

_____

111. 영업사원이 고객과 상담하면서 웃을 때의 세일즈 매너는 무엇일까요?

_____

_____

_____

112. 영업지원팀, 관리팀과의 소통에 있어서 세일즈 매너는 무엇일까요?

_____

_____

_____

113. 서비스부서와 소통에 있어서 세일즈 매너는 무엇일까요?

_____

_____

_____

114. CR팀과의 소통에 있어서 세일즈 매너는 무엇일까요?

제4장

자동차 세일즈 매너 기본

1. 자동차 세일즈 업무시간 매너

자동차 영업사원에게도 업무시간의 규정이 필요할까? 여러 가지 의견이 있을 수 있다. 자동차 세일즈의 목적에 따라 달라질 수 있겠으나 통상적으로 오전 9시부터 오후 6시까지 업무시간으로 규정되어있다. 자동차 영업사원은 차를 판매한다는 특수성으로 인해 업무시간이 불규칙적이다. 자동차 세일즈 판매에 연관된 모든 일이 업무이다 보니 시간과 장소의 구분이 없어진 것이다. 영업사원에게 업무시간의 기준은 무엇일까? 회사라는 곳에서 돈을 받고 급여를 받는 순간 영업사원은 시간이라는 틀 안에서 통제받고 있다고 해도 과언이 아니다. 영업사원에게는 아마 시간을 나눈다는 것이 힘들 수도 있을 것이다. 그만큼 고객 상담으로 바쁘기 때문이다. 대부분의 사람들에게 물어보면 영업사원은 시간이 자유로울 거라고 생각한다. 영업직군이라는 직업이 주는 고정관념일 수 있을 것이다. 하지만 엄연히 영업사원도 직장인이다. 물론 정규직이냐 계약직이냐 위촉직이냐에 따라서 회사에 대한 기본 태도가 달라지겠지만 내가 프로영업사원이라는 마음의 자세를 가지고 있으면 어떠한 컨디션에 노출되더라도 철저한 기준을 확립해서 시간을 관리해야 한다는 것이다. 자동차 영업사원의 업무시간(영업활동)은 자동차 영업사원 스스로가 만들어 나가고 판단하면 된다. 그렇지만 엄격한 룰이 있어야 한다. 그렇다면 업무시간에 지켜야 할 매너가 무엇이 있을까? 거의 대다수의 영업사원이 공적인 일과 사적인 일의 경계를 구분 짓지 못하고 있다. 하지만 공적인 회사 일과 사적인 개인의 일을 지독하게 지키는 것이 자동차 세일즈 매너다. 물론 대부분의 영업사원들은 잘하고 있다. 그렇지만 애매한 경우도 종종 보인다. 이와 관련된 대표적인 사례 4가지를 보도록 하자.

첫 번째 상황이다. 영업을 하다 보면 정말 바쁠 때가 많다. 자동차를 많이 팔려다 보니 바쁜 것이지만 기타업무로 인해서 바쁘기도 하다. 고참 영업사원은 고참 영업사원대로 새싹영업사원은 새싹영업사원대로 바쁘다. A라는 영업사원이 있다. 이리 쫓기고 저리 쫓기고 하루하루를 정말 열심히 조직과 고객을 위해서 일한다. 머리를 다듬을 시간도 없다. 하루하루 자라나는 머리카락이 사뭇 신경이 쓰이지만 시간이 없다. 영업사원답게 머리도 좀 다듬고 깔끔해야 하지만 머리 자르는 것을 계속 미루고 있다. 하루는 점심을 먹고 잠깐 지나는 거리에서 미용실이 눈에 띈다. 머리를 다듬는데 30분 정도면 충분하다. 그렇지만 바쁜 일들이 먼저 떠오른다. 머리를 다듬을까 고민을 하는 A사원. 이때 업무시간에 대한 세일즈 매너는 무엇일까?

두 번째 상황이다. B영업사원은 정말 모범적인 영업사원이다. 회사에서는 성실한 영업사원이고 가정에서는 최고의 아빠다. 어느 날 저녁 아내가 B영업사원에게 이야기를 한다. "여보 내일이 ○○(딸) 유치원 발표날이야. 당신이 함께 참석해 주면 좋지 않을까?" B씨는 고민한다. 이때 업무시간과 관련된 세일즈 매너는 무엇일까?

세 번째 상황이다. C영업사원은 효자 영업사원이다. 아버지는 퇴직하셨고, 한 시간쯤 떨어진 신도시에 어머니와 살고 계신다. 부모님은 다른 형제들이 있지만 유독 둘째인 C영업사원을 좋아한다. 어느 날 영업 중인 C사원에게 전화가 온다. "내가 지금 서울에 있는 대학병원을 가려고 하는데 오늘따라 몸이 안 좋다. 택시를 타자니 돈이 부담스럽고 교통편을 이용하려면 시간이 많이 걸리니까 네가 잠깐 와서 병원에 데려가라"라는 아버지의 전화다. 이때 C영업사원의 업무시간 세일즈 매너는 무엇일까?

네 번째 상황이다. D영업사원은 이제 막 입사한 새싹 영업사원이다. 궂은일도 마다치 않는다. 맡은 일도 잘하고 있다. 어느 날 선배 영업사원이 지방으로 고객을 만나러 가는데 같이 가자고 제안을 한다. 이때 새싹영업사원인 D사원의 업무시간 세일즈 매너는 무엇일까?

자, 이렇게 4가지 대표사례를 봤다. 여러분이 이런 상황이라면 어떻게 하겠는가? 대부분의 영업사원은 바쁘다. 연차를 내기도 눈치가 많이 보인다. 업무시간과 겹치는 개인적인 일들이 종종 생기기 마련이다. 그렇기 때문에 스스로 프로영업사원이라는 의식을 갖고 업무시간의 기준을 확실히 가지고 있어야 한다. 다시 한 번 통상적인 업무시간을 보자. 대한민국 근로기준법이 정한 시간은 하루 여덟 시간, 주 40시간이다. 그리고 보통 영업사원들의 업무시간은 대한민국 직장인들의 업무시간과 똑같다. 아침 9시부터 오후 6시까지다. 그렇지만 영업 부서의 시간은 일반 직장의 업무시간과는 다르게 흘러간다. 영업이 갖는 업의 특성이기도 하다.

실질적인 영업사원의 출근 시간은 대략 몇 시일까? 대부분의 영업사원은 오전 8시에 출근한다. 근무 시간이 오전 9시부터인데 오전 8시에 출근하는 이유는 여러 가지가 있다. 자동차 세일즈는 특성상 준비하는 시간이 오래 걸린다. 전시장으로 오시는 손님도 방문 시간도 제각각이다. 9시부터 정상 고객을 맞으려면 그 전에 청소도 하고 차량관리도 해야 한다. 물론 8시 30분, 9시까지 출근하는 회사도 많다. 개별 독립 대리점은 또 시간이 다르기도 하다. 그러므로 다시 한 번 나의 업무시간에 대해서 기준을 갖고 정리하는 시간을 갖길 바란다.

자동차 세일즈 업무시간에 대한 매너는 또 무엇이 있을까?

2. 자동차 세일즈 회의시간 매너

회의시간도 마감법칙을 만들어야 한다. 특히 영업조직에서는 말이다. 수없이 많은 전문가들이 회의시간에 대한 좋은 의견과 방법을 제시하고 있다. 그렇지만 자동차 세일즈의 특성상 회의 시간은 길어질 수밖에 없다. 슬픈 현실이지만 아침에 시작한 회의가 점심때가 되어서야 끝나는 경우가 많다. 자동차판매가 주요 업무인 영업사원들에게 자동차 판매 전략과 고민거리를 나누는 회의시간은 중요하기 때문이다. 그렇지만 '자동차를 판매하는 개별 독립기업이나 마찬가지인 프로 영업사원에게 회의시간이 꼭 필요할까?'라는 의문도 든다. 산업군이 다르긴 하지만 외국계 제약회사에서는 월요일에만 한 번 출근해서 회의를 하고, 나머지 요일에는 핵심업무인 필드 업무를 출퇴근 없이 바로 하는 시스템을 운영하고 있다.

많은 자동차 회사들이 이상적인 회의시간을 가지고 있는 반면 여전히 회의라는 늪에서 빠져 나오지 못하는 회사나 지점도 많다. 회의시간이 꼭 필요하다면 몇 분 정도가 적당한 시간이라고 생각하는가? 적당한 회의시간은 30분 정도로 권하고 싶다. 소통, 집중력, 업무시간 등을 기준으로 보았을 때 말이다. 그리고 회의가 필요하다면 하루에 몇 번 정도가 적당할까? 기본적으로 하루 두 번 필요하다. 중요한 포인트 중에 하나인데, 시작할 때와 마감할 때는 회의를 해야 한다. 결론적으로 말하자면 하루에 두 번의 회의를 각 30분 안에 끝내는 것이 가장 이상적이다.

한편 회의의 또 다른 의미인 소통의 시간이라는 측면을 보자. 소통에는 여러 가지 방법이 있겠지만 긴장감이 흐르는 회의 시간과 같은 소통도 필요하다. 특히 자동차 세일즈에서 회의를 한다는 것은, 영업, 고객, 영업활동, 고객불만 등을 다룬다는 점에서 필요한 과정이다. 회의를 할 때는 모든 구성원이 말하기, 쓰기, 듣기, 읽기라는 언어활동을 하고 있기 때문에 내 생각을 상대방에게 전달하고 반대로 상대방의 의견은 귀담아듣는 의사소통이 가능하다. 좀 더 나은 방향으로 나아가기 위한 목적을 가진다면 분명 긍정적인 결과를 얻을 수 있다. 물론 회의의 주제는 하나가 될 수도 있고 그날그날의 이슈에 대한 전달내용이 많은 시간을 차지할 수도 있다. 간혹 잡다한 이야기로 회의가 채워지기도 한다.

위의 내용을 종합하자면 핵심은 다음과 같다. 회의는 30분 안에 끝낼 수 있도록 다 같이 노력해야 한다. 나아가 프로영업사원에게는 회의시간이 필요 없을 수도 있다. 업무시간은 한정되어 있고, 영업 스케줄, 고객과의 만남, 영업 활동 등 매일매일 꽉 차 있기 때문에 정해진 활동에 집중하는 것이 더 효율적이기 때문이다. 회의가 오히려 영업 활동에 방해가 될 수 있다는 뜻이다. 이처럼 필요가 없는 경우 회의는 안 할 수도 있고, 회의를 하되 짧게 하루에 두 번씩 하는 것이 가장 기본적인 회의 매너라고 하겠다.

자동차 세일즈 회의시간의 매너는 또 무엇이 있을까?

3. 자동차 세일즈 문서보고 매너

보고라고 하면 무엇이 먼저 떠오르는가? 호랑이 같은 부장님? 아니면 지긋지긋한 페이퍼? 결재서류? '보고'라는 말은 상당히 딱딱하고 불편한, 일상적인 생활에서는 쓰이지 않는 말이다. 군대조직에서 많이 쓰이는 용어다. 하지만 회사나 모든 조직에는 규율이 필요하고 체계가 필요하다. 그런 부분에서 보고는 상당히 중요한 업무 부분을 차지한다. 어쩌면 모든 업무의 꽃이라고 볼 수도 있다. 조직에서 보고를 한다는 것은 가시밭길을 걸어가는 것과 같다. 조직생활이나 직장생활을 해보지 않은 사람들은 보고가 얼마나 스트레스인지 짐작도 못할 것이다. 영업조직에서 보고는 곧 '돈'이다. 좀 더 세련되게 표현하면 '매출'인 것이다. 이러한 보고 시스템, 보고 체계로 제대로 된 보고가 이루어지고 진행되어야 업무 프로세스가 원활하게 이루어질 수 있다.

보고에는 가장 일반적인 서류 보고, 온라인 보고, 이메일 보고, SNS를 통한 약식 보고 등이 있다. 상사에게 보내는 사적인, 공적인 의견은 모두 보고라고 보면 된다. 간단하지만 보고할 때 격식을 갖추면 더욱 인정받는 구성원이 될 것이다.

보고할 때 고려해야 할 네 가지 사항은 다음과 같다. 첫 번째, 오프라인 보고 시 보고 시간에 대한 매너가 상당히 중요하다. 상사는 바쁘기 때문이다. 두 번째, 결재판과 결재양식 등 회사의 규칙에 따라 보고서류를 준비하고 보고한다. 세 번째, 온라인 및 이메일 보고 시 상사가 바로 알아볼 수 있도록 핵심문구를 두괄식으로 보고한다. 짧고 간단하게 말이다. 상사는 하루에도 수없이 많은 이메일과 결재서류에 시달린다. 물론 온라인 이메일 보고를 할 때도 너무 늦은 시간에 보고하는 결례를 범해서는 안 된다. 네 번째, SNS를 통한 보고도 약식이지만 훌륭한 보고가 될 수 있다. 보고받는 상사의 컨디션을 즉시 파악할 수 있기 때문이다. 따라서 SNS로 약식 보고를 한 경우에는 정식 보고를 좀 더 효과적으로 할 수 있게 된다.

자동차 세일즈 문서보고 매너는 또 무엇이 있을까?

4. 자동차 세일즈 전시장 매너

자동차 세일즈에 있어서 전시장이 갖는 의미는 아주 크다고 말 할 수 있다. 100년 전 자동차산업이 막 부흥하기 시작할 때도 전시장은 고객을 직접 만날 수 있는 가장 좋은 장소였다. 이렇게 중요한 장소인 건 알겠는데, 자동차 세일즈 전시장에 무슨 매너가 필요하다는 건지는 잘 이해가 되지 않을 수 있다.

그렇다면 지금부터 상상을 해보자. 내가 고객이 되어서 아주 멋진 자동차 세일즈 전시장을 방문한다고 말이다. 어떤 느낌이 드는가? 내가 그렇게 갖고 싶었던 자동차를 보고 만지고 상담받을 수 있는 곳이다. 이곳에서 어떤 환대를 받고 싶은가? 자동차 세일즈 사원으로부터 어떤 이야기를 듣고 싶은가? 대부분의 고객들은 기대감을 잔뜩 가지고 자동차 세일즈 전시장을 방문한다. 홈쇼핑방송을 보고 전화기를 눌러 물건을 주문할 때, 온라인 매체에서 갖고 싶었던 물건을 주문할 때, 그리고 택배가 배달되었다는 문자를 받았을 때, 퇴근 후 택배를 찾으러 경비실로 가서 물건을 받을 때의 기분은 어떠한가? 빨리 왔으면 하고 기다리던 그 물건을 받을 때의 느낌, 바로 그런 기대감인 것이다. 주차를 하려고 힘들게 전시장을 돌지는 않았는지, 주차하기가 힘들지는 않았는지, 전시장이 왠지 어두워 보이지는 않았는지, 따뜻함보다는 차가움이 느껴지지는 않았는지, 상담을 도와주는 자동차 세일즈 사원의 얼굴이 무표정하지는 않았는지 세심하게 챙겨야 한다. 이런 모든 것들이 자동차 세일즈 전시장 매너이기 때문이다.

자, 그럼 이번엔 자동차를 가지고 자동차 전시장을 방문한다고 상상해보자. 차를 가지고 외출할 때 사람들이 가장 첫 번째로 고려하는 것은 주차다. 집을 살 때도 직장을 잡을 때도 주차는 중요한 고려사항이다. 고객 입장에서 물건을, 제품을 사러 갈 때 주차하기가 불편하다고 느끼면 다시는 찾지 않게 된다. 그래서 주차요원이 있는지, 편하게 주차할 수 있는지가 중요하다. 충분한 재화를 지불하고 충분한 대우를 받고 싶은 것이 당연하다. 특히 고관여 브랜드인 자동차 전시장에 고객이 방문했을 시 주차장, 주차공간, 주차요원, 영업사원, 전시장은 고객의 구매 결정을 좌우한다고 해도 과언이 아니다. 그래서 주차 매너, 주차장 매너, 주차공간의 여유, 첫인사 등이 상당히 중요하고 이러한 주차장 매너가 자동차 세일즈 전시장 매너의 시작이 될 수 있다.

우리의 주차장이 고객에게 좋은 인상을 주고 있는지 체크를 해볼 필요가 있는 것이다. 주차공간에 대한 배려도 또한 중요하다. 대부분의 자동차 세일즈 전시장을 운영하는 회사들은 비싼 땅에 주차장을 만든다. 비싼 공간에 주차장을 확보한다는 뜻이다. 그래서 주차장에 고객의 차가 있건 없건 간에 주차장을 가만히 비워 두지 않는다. 어떻게든 이 공간을 활용하려고 한다. 하지만 주차공간이 비어 있더라도 빈 상태 그대로 내버려 둬야 한다. 고객이 편하게 주차하고 들어오도록 말이다. 고객이 편안하게 주차할 수 있는 넓은 주차장과 긴장하면서 주차해야 하는 좁은 공간은 배려받는 느낌에서 차이가 있을 수밖에 없기 때문이다. 물론 주차요원에 의해 주차가 이루어지는 곳도 많아서 이런 고민이 없는 회사나 지점도 있다. 다시 한 번 앞에서 언급한 자동차 세일즈 매너 철학을 얘기해야겠다. '일어나지 않은 일에 대한 배려'를 이곳에도 적용해야 한다.

영업사원이든 주차요원이든 주차를 할 때는 고객차량을 잠깐이지만 책임지게 된다. 이때 고객의 차를 잘 다루는 것이 중요하다. 또한 고객의 자동차는 고객의 사적인 공간임을 인지하고 물건 도난이나 접촉사고 등 불미스러운 상황이 발생하지 않도록 해야 한다. 고객이 차를 맡길 때 안심이 되도록 배려를 하는 것이 자동차 세일즈 주차 매너인 것이다.

안내를 받고 자동차 세일즈 전시장으로 고객이 처음 방문했을 때는 리셉션이 고객을 맞이해야 한다. 각 자동차 브랜드 회사마다 다르겠지만 대부분의 자동차 전시장에는 리센섭이 근무한다(국산 자동차 전시장에는 대부분 리셉션이 없다). 리셉션이 있다는 것만으로도 고객에게 전시장 매너를 제공하는 것이다. 리셉션이 고객을 맞이한다는 것은 아주 큰 의미가 있다. 가장 중요한 포인트이기도 한데 리셉션의 초기 응대는 고객의 사소한 부담감을 감소시킨다.

모든 과정을 거쳐서 이제 드디어 고객이 자동차 전시장에 들어왔다. 본격적인 전시장 매너가 필요한 순간이다. 가장 먼저 해야 할 것은 고객이 편안하게 전시장을 둘러 볼 수 있도록 배려해주고 안내해 주는 것이다. 어쩌면 고객에게 마음의 준비를 할 시간을 주는 것이다. 자동차 세일즈 전시장 문을 열고 들어왔다는 것 자체가 '나는 자동차를 사기 위해 왔고, 살 준비가 되어 있습니다'라는 것을 전제하기 때문에 영업사원이 고객을 맞이하고 안내를 하고 바로 상담으로 들어가면 된다. 이러한 과정을 충분한 시간을 갖고 부드럽게 이어 나간다면 좀 더 고객의 마음을 열 수 있을 것이다.

예컨대 수입자동차 B사는 '리셉션 → 프로덕지니어스(제품설명가) → 영업사원'이라는 3단계의 전시장 고객 접점을 만들고 있다. 이는 아주 훌륭하고 우수한 고객 배려 사례라고 할 수 있다. 자동차에 대한 설명은 자동차 전문가인 프로덕지니어스가 한다.

자동차 전문가인 프로덕지니어스는 고객의 질문에 대한 답변, 차량에 대한 설명, 차량의 우수성 순서로 상담을 이어간다. 차량 구매 여부보다 관심 있는 자동차에 대한 시승과 기능설명에 집중하기에 고객의 반응도 아주 좋다. 고객들은 구매에 대한 압박감을 덜고 자동차에 온전히 집중할 수 있게 된다. 전시장에서 고객에게 배려할 수 있는 세일즈 매너가 무엇이 있는지 더욱 고민해 볼 필요가 있다.

자동차 전시장 매너는 또 무엇이 있을까?

5. 자동차 세일즈 차량관리 매너

자동차 전시장은 전시된 자동차를 관리하기 위한 공간이기도 하다. 전시장의 차량을 관리할 때 신경 써야 할 기본사항이 여러 가지가 있다. 우선 자동차 세일즈 차량관리 매너의 가장 기본은 판매하는 모든 차량이 전시되어야 한다는 것이다. 그렇지만 전시장의 위치나 크기, 여러 가지 컨디션에 따라서 1~2대만 전시를 해놓은 전시장이 있기도 하다.

다음으로 전시 차량은 시트 포지션이 적정하게 세팅되어 있어야 한다. 전시 차량의 색상은 고객이 선호하는 색상과 선호하지 않는 색상의 차량을 전시하면 좋다. 이때 포인트는 흔하지 않은 색상의 차량, 흔하지 않은 옵션의 차량을 전시해서 일반적인 색상의 차량과 비교를 해볼 수 있도록 한다는 것이다. 실버 색상의 차량, 블랙 색상의 차량은 가장 기본적인 색상이기에 보지 않아도 알 수 있다. 그러므로 실버와 블랙 색상의 차량과 함께 나머지 색상의 차량을 다양하게 전시하는 것이 좋다.

그리고 고객이 자동차 전시장 밖에서 보았을 때도 판매하는 차량의 형태가 가장 잘 보이도록 전시를 해야 한다. 보통은 자동차의 앞모양이 보이도록 전시를 많이 하지만 밖에서 보았을 때 그 차가 갖는 특성이 보이도록 전시해야 한다. 차의 앞모양이면 앞모양, 뒷모양이면 뒷모양(사실 뒤로는 전시를 잘 안 함), 옆 모양이면 옆 모양으로 전시를 해야 한다. 그만큼 전시장이라는 공간은 자동차가 주인인 공간인 것이다.

한편 전시된 자동차들 사이에 충분한 공간을 확보하여 여러 명의 고객이 차를 만져볼 때 불편함이 없도록 간격을 두어야 한다. 문을 열었을 때 필요한 공간까지 확보해야 하는 것이다. 클래식 음악, 적당한 실내온도, 편안한 상담실 의자 등도 전시장 세일즈 매너의 한 부분이 될 수 있다.

또 하나의 중요한 자동차 세일즈 차량관리 매너는 시승차량과 관련한 것이다. 사람들이 자동차를 구매할 때는 매우 신중하다. 한 번 타보고 두 번 타보고 이 차도 타보고 저 차도 타보고 끊임없이 비교하고 시승을 해본다. 자동차를 구매할 때는 직접 경험해보는 것이 중요하기 때문이다. 그래서 시승차량은 세일즈를 하는 데 상당히 중요한 부분을 차지한다. 우선 고객이 원하는 옵션, 색상의 차량이 준비되어 있어야 한다. 그리고 고객의 편의에 맞춰 원하는 시간과 장소에서 시승할 수 있도록 배려해야 한

다. 또한 시승차량은 한눈에 보아도 정말 갖고 싶을 정도로 관리가 되어 있어야 한다. 실내 청결은 기본이고 외부도 항상 세차가 되어 있어야 한다. 겨울철에는 고객이 차량에 오르기 전에 시동을 걸어 예열을 충분히 한다. 추위로 인한 엔진소음(대부분이 디젤 차량에 많이 나타난다)이 고객에게 거부감을 주지 않도록 하기 위한 것이다. 여름철에는 냉방장치를 미리 작동해서 고객이 더운 날씨에 짜증이 덜 나도록 해야 한다. 주유는 미리 해둔다. 시승 시 주유까지 해야 하는 사태를 미리 방지하는 것이다. 시승 시 안전에 대한 부분과 차량작동요령을 잘 설명하는 것도 중요하다. 시승차량은 곧 회사의 얼굴이라는 생각으로 관리하자.

자동차 세일즈 차량관리 매너는 또 무엇이 있을까?

6. 자동차 세일즈 전시장 상담 매너

스페인은 투우의 나라로 유명하다. 투우라는 스포츠는 성난 황소와 투우사가 벌이는 한편의 각본 없는 드라마다. 둘 중 하나는 죽는다는 설정이기 때문에 수만 명의 관중이 투우사와 성난 황소의 대결을 흥미진진하게 바라본다. 손에 땀을 쥐는 시간을 지나 드디어 투우사의 칼이 황소의 목에 겨누어져 있다. 이 순간을 진실의 순간인 'MOT(Moment of truth)'라고 말한다. 대부분의 서비스 관련 회사들은 아침조회를 'MOT 한다'고 하는데, 이때의 'MOT'가 바로 여기에서 유래한 용어다. 고객을 만나는 순간도 이러한 MOT의 순간이어야 한다. 전시장에서 상담을 한다는 것은 고객과 영업사원 사이에 공통분모를 만드는 시간이다. 그만큼 진정성을 가지고 상담에 임하여야 한다는 말이다. 전시장이라는 공간 자체가 하나의 필드 아레나가 되는 것이다. 그 순간 긴장도 되겠지만 고객과 영업사원 간에 지킬 건 지키면서 만남이 이루어져야 하는 것이다.

　자동차 전시장을 필드 아레나로 생각한다면 이 필드에서 상호 간에 지켜야 할 매너가 무엇이 있을까? 구체적 상황으로 살펴보자. 첫 번째 상황을 보도록 하자. 월말이면 마감으로 바쁘다. 오늘도 마감을 위해 당직근무에 최선을 다하고 있는 A영업사원. 가망 고객과의 상담이 거의 마무리가 되었다. 기분 좋게 고객과 계약조건에 대해서 의견을 좁혀가고 있다. "좀 더 할인을 해주면 당장 계약할 텐데"라고 고객이 이야기한다. 이때 필요한 세일즈 매너는 무엇일까? 고객의 무리한 할인요구는 불편한 상황이 아닐 수 없다. 대부분의 자동차 회사는 프로모션 가이드를 가지고 있다. 그렇지만 거의 대다수의 고객들은 자동차는 무조건 싸게 사야 한다는 믿음, 신념을 가지고 있다. 영업사원이 제시한 금액에는 아랑곳하지 않고 더 많은 할인을 요구한다. 이러한 할인요구는 수입자동차 또는 자동차 산업구조에 악영향을 많이 미친다. 영업사원들의 생태계, 생태환경에도 결정적인 영향요인이 되

는 것이다. 그래서 막무가내의 할인을 요구하는 고객을 세련되게 잘 이끌 수 있는 전시장 상담 매너가 필요하다.

두 번째 상황을 보도록 하자. 전시장 당직 근무를 서고 있는 오늘은 정말 찜통더위의 한여름이다. B사원은 전시장 근무를 서고 있다. 때마침 전시장으로 짧은 치마를 입은 여성고객이 들어온다. 상담을 하거나 차에 타고 내릴 때, 시선 처리를 어떻게 해야 할지 난감하다. 이럴 때 필요한 세일즈 매너는 무엇일까?

세 번째 상황을 보도록 하자. 영업사원 C씨는 혼자 전시장에서 근무를 하고 있다. 마침 남녀가 전시장 문을 열고 들어온다. 그런데 딱 보기에도 나이 차이가 너무 많이 나 보인다. 남자 고객은 40대 중반, 여자 고객은 20대 중반이다. 부부로는 보이지 않는다. 이 고객들과 상담하려고 보니 호칭을 비롯해 신경 쓰이는 부분이 많다. 이럴 때 필요한 세일즈 매너는 무엇일까?

고객과의 접촉이 가장 많이 일어나는 전시장. 이곳에서는 수없이 많은 일들이 생긴다. 센스 있는 세일즈 매너로 고객과의 상담을 부드럽게 이끌어 가야 한다.

자동차 전시장 상담 매너는 또 무엇이 있을까?

7. 자동차 세일즈 고객사무실 상담 매너

자동차 세일즈는 타켓이 확실하긴 하지만 좀 더 많은 실적을 올리기 위해서는 불특정다수를 향한 영업 활동도 이루어진다. 크게 두 가지 고객 접점으로 나누어 볼 수 있다. 우선은 사람을 만나는 영업 활동과 사람을 만나지 않는 영업 활동으로 크게 구분할 수 있다. 사람을 만나는 영업 활동은 전시장으로 오는 고객을 만나거나, 외부 필드 활동을 통해 새로운 고객을 만나거나, 아는 지인의 소개로 고객을 만나는 세 가지의 경우가 있다 있다(여기서는 외부 필드 활동을 통해 만난 고객의 경우만 다룬다). 외부에서 고객을 만나는 경우에는 여러 가지 사건 사고가 많이 생기기도 한다. 특히 날씨나 환경, 장소, 고객이 위치한 사무실 집에 따라서 모든 조건이 달라지기도 한다(여름과 겨울은 특히 심하다). 자동차 세일즈 고객사무실 상담 매너는 무엇이 있을까?

첫 번째 상황을 보도록 하자. 영업사원 A씨는 한여름에도 열심히 외부판촉활동을 다니고 있다. 꾸준하게 다니던 업체의 한 사장님이 A씨의 성실함에 반했다며 차량 상담을 받아보기로 했다. 사무실 안으로 신발을 벗고 들어오라는 사장님. 신발을 벗자마자 땀범벅에 발 냄새가 진동을 한다. 이럴 때 고객사무실 상담 세일즈 매너는 무엇일까?

두 번째 상황을 보도록 하자. 영업사원 B씨는 한겨울에도 열심히 외부활동을 하고 있다. 점심시간이 다가오자 따뜻한 점심 한 그릇이 먹고 싶어진다. 때마침 유명한 청국장집이 생각나서 청국장을 먹기로 했다. 대기하는 사람과 식사하는 사람 등 많은 사람들로 북적이는 청국장집에서 청국장 한 그릇을 뚝딱 먹고 나왔는데 외투며 양복에 밴 청국장 냄새가 가시지를 않는다. 시간이 지나도 냄새가 빠지지 않는다. 이럴 때 고객사무실 상담 세일즈 매너는 무엇일까? 대부분의 자동차 영업사원의 활동이 외부에서 이루어진다. 고객과의 수많은 상담과 접점에서 발생하는 일에 대해 세일즈 매너를 철저히 준비하는 것이 필요하다.

자동차 세일즈 고객사무실 상담 매너는 또 무엇이 있을까?

8. 자동차 세일즈 계약 매너

'자동차 세일즈에서는 판매가 곧 인격'이라는 말이 있다. 모든 과정은 딱 하나, 판매결과로 이어진다. 자동차 세일즈 부문만큼 숫자로 정리되고 판단되는 산업군은 드물 것이다. 물론 모든 영업직군이 그렇겠지만 자동차 세일즈는 더하다고 할 수 있다. 그래서인지 고객과의 계약, 계약체결에 100%의 에너지가 집중되어 있다고 해도 과언이 아니다. 총칼만 안 들었지 계약 체결을 위한 전쟁이 치열하게 펼쳐지고 있는 것이다. 그러다보니 계약 체결 매너는 상당히 민감한 부분 중에 하나다. 이 부분을 다루는 데 있어서는 조심스럽지 않을 수 없다. 자동차 세일즈 계약 체결 매너는 어떤 것들이 있을까?

첫 번째는 담당자를 정하는 것과 관련된 부분이다. 한 고객이 여러 자동차 영업사원과 접촉하다 보면 고객이 겹치는 경우가 종종 발생한다. 이럴 때는 그 고객을 최초로 만난 영업사원, 혹은 그 고객을 관리한 관리내용이 분명한 영업사원이 고객을 담당하게 되는 것이 보편적인 룰이다. 최초 상담은 A영업사원이 했더라도 관리를 못한 경우에는 그 이후에 꾸준히 고객을 관리해 온 사원에게 우선권이 보장되는 것이다.

두 번째는 자동차의 견적을 내는 것과 관련된 매너다. 견적을 낸다는 것은 고객이 차를 구매하기 바로 직전이라는 사인이다. 그래서 견적을 내는 순간은 중요하다. 그렇지만 많은 고객들과 영업사원들이 견적서를 남발하고 있다. 견적을 받지 말라는 의미는 아니다. 자유주의 경쟁사회에서 이것저것 비교를 하고 물건을 사는 것이 맞다. 최근 수입자동차 B사에는 공식견적 프로그램이 도입되었다. 그만큼 공정하고 공평하게 가격과 견적에 대한 약속을 지키고 고객에게 정성을 쏟겠다는 의미가 된다. 그리고 공정하지 못한 온라인 사이트 견적이나, 가격만 낮추는 견적과는 거리를 두겠다는 것이다.

견적을 낼 때 고려할 것은 네 가지다. 첫 번째, 자동차 세일즈 견적은 자동차를 구매 결정 확정이 되었을 때 가이드(공식견적 프로그램)를 준수한 견적을 내어야 한다. 두 번째, 계약을 하겠다는 고객의 암묵적인 동의를 받고 견적을 내어야 한다. 세 번째, 고객이 계약을 여러 군데에서 남발하지 않도록 고객에게 계약은 하나의 창구로 이루어진다는 점을 주지시켜야 한다. 다른 곳에서 또 다른 조건으로 계약을 하게 되면 불편함이 발생할 수 있다는 점을 언급하는 것이 좋다. 네 번째, 이미 완료된 계약 건에 한해서는 어떤 조건으로 어떤 금액으로 계약을 했든지 존중을 해야 한다. 계약이 성사되기 전에는 치열하게 선의의 경쟁을 하지만 계약 체결이 되는 순간 더 이상 그 고객을 흔들지 말아야 하는 것이다. 고객 또한 계약을 무기로 다른 영업사원을 흔들지 말아야 한다. 먼저 계약이 되어 있는 건은 안 건드리는 것이 정통파 영업사원의 불문율이다. 프로영업사원답게 지킬 건 지키는 것이 함께 성장하고 살아나갈 수 있는 길일 것이다.

자동차 세일즈 계약 매너는 또 무엇이 있을까?

9. 자동차 세일즈 비밀보장의 매너

자동차를 구매한다는 의미는 영업사원에게 무한한 신뢰를 보낸다는 뜻이다. 상담과정에서 살아온 이야기도 하게 되고, 서류작성을 할 때 나의 재산규모나 가족 상황 등 구체적인 내용이 공개되기 때문이다. 그래서 가장 우선시 되어야 할 것 중 하나가 바로 비밀보장에 대한 부분이다. 이 부분에 관해서는 무엇보다도 자동차 영업사원의 도덕성이 요구된다. 자동차 세일즈 과정에서 불편한 상황이 생겨서는 안 된다는 점은 누구보다 영업사원들이 잘 알 것이다. 더불어 최근 개인정보보호법이 강화되었다. 그래서 고객정보관리가 더욱 중요해졌다. 고객의 정보를 무단 유출하거나 활용해서는 안 되고, 고객정보에 대한 비밀을 꼭 지켜야 한다. 이것이 자동차 세일즈 비밀보장 매너다. 스스로 회사와 브랜드를 대표한다는 생각을 해야 한다. 자동차 세일즈 비밀보장의 매너는 또 무엇이 있을까?

10. 자동차 세일즈 유형(有形)의 매너

자동차 영업사원이 지켜야 할 첫 번째 유형(有形) 매너는 외모 관리다. 다시 한 번 강조하지만 매너는 표가 안 나야 한다. 과하지도 모자라지도 않아야 하는 것이 외모와 관련한 자기관리 매너인 것이다. 머리에 왁스를 바르지만 티가 안 나야 한다. 한 듯 안 한 듯한 스타일링이 정답이다. 자신이 빛나는 것이 아니라 고객이 빛날 수 있도록 옆에서 도와주는 엑스트라이기 때문이다. 그렇지만 요즘의 영업사원들은 너무 빛난다. 고객이 압도당할 만큼 완벽하다. 말 그대로 '퍼펙트'하다. 하지만 무언가 인간적인 틈이 보여야 고객과 친해지는 시간을 빨리 앞당길 수 있다. 고객에게 부담감으로 다가가서는 안 된다. 따라서 액세서리는 지양한다. 특히 메탈릭한 시계는 고객의 주의를 분산시키는 역효과가 날 수 있고, 무거워 보이는 단점도 있다. 정장은 안정감이 있는 네이비나 옅은 블랙 톤이 좋다. 넥타이는 너무 화려해서는

안 된다. 단색의 안정감 있는 넥타이가 무난하다. 구두도 유광보다 무광의 깔끔한 구두를 착용하는 것이 안정감이 있어 보인다.

또 하나의 유형 매너는 눈매관리다. 그중에서도 눈썹은 인상을 좌우하기 때문에 중요하다. 눈썹을 어떻게 다듬느냐에 따라서 인상이 완전히 달라진다. 하지만 대부분의 자동차 영업사원들은 눈썹을 신경 쓰지 않는다(남성 영업사원). 쌍꺼풀 수술을 통한 눈매관리도 세일즈 매너를 위해 추천한다. 예전보다 수술방법이 많이 좋아지고 수준이 높아졌기에 아주 자연스럽게 눈매를 바꿀 수 있다.

눈매 못지않게 중요한 것이 미소다. 자신감 있는 미소가 영업에 중요한 부분을 차지하기 때문에 "영업사원 치아교정을 했거나 하고 있는 사람, 둘로 나뉜다"는 말이 있을 정도다. 그만큼 치아교정이 대세다. 치아교정은 금전과 시간, 노력을 요구하는 일이지만 고객에게 최상의 미소를 선물할 수 있다면 투자할 가치가 있는 일이라고 본다. 왜냐하면 자신감 있는 웃음은 가장 중요한 세일즈 매너이기 때문이다.

탈모는 영업사원에게는 의외의 복병이다. 탈모나 대머리로 인해 고민하는 영업사원이 많다. 지금 당장 탈모가 아니더라도 머리숱과 두피에 신경을 많이 써야 한다. 관리를 꾸준히 해야 한다는 뜻이다. 공공연하게 언급되지는 않지만 영업사원에게는 중요한 부분이다.

표정도 영업사원에게는 매우 중요한 부분이다. 인상이 날카롭거나 부드럽지 못한 영업사원들이 있는데, 이 표정을 바꾸기 위한 노력도 기울여야 한다. 한 가지 제안하자면 귀여운 안경을 맞추어 착용해보자. 달라진 나의 모습에 고객이 웃으며 마음을 열어 줄 것이다. 이 외에도 영업사원 각자가 자신만의 강점을 잘 드러내어야 한다.

자동차 세일즈 유형의 매너는 또 무엇이 있을까?

11. 자동차 세일즈 무형(無形)의 매너

우리는 살아가면서 상식적으로 이해할 수 없는 많은 현상들을 본다. 불가사의한 일들 말이다. 어떤 사람은 기적이라고도 말한다. 우리의 몸은 눈에 보이는 육체와 눈에 보이지 않는 정신(마음)으로 이루어져 있다. 늘 그렇지만 이 두 가지의 균형이 중요하다. '건강한 육체에 건강한 정신이 깃든다'는 이야기가 있듯이 자기관리에 있어서 유형의 매너만큼 무형의 매너 또한 중요하다.

무형의 매너 첫 번째는 태도다. '지금의 나의 태도는 곧 나의 미래다'라는 훌륭한 문구가 있다. 태도의 중요성을 강조한 것인데, 그렇다면 어떤 태도를 지녀야 하는가? '나 이외에 모든 사람은 고객이다'라고 말할 만큼 영업사원은 고객들로 둘러싸여 있다. 그렇다고 무조건 저자세를 가지는 것도 좋은 태도는 아니다. 원칙과 기준에 입각한 상식적인 가이드라인을 가지고 긍정적으로 생각하는 자세를 가져야 한다. 그러기 위해서는 배움이 선행되어야 한다. '자기학습', '자기배움'이야 말로 최고의 태도, 자세가 되는 것이다. 끊임없이 배우고 익히면 고객을 대하는 태도가 많이 달라진 나를 볼 수 있을 것이다. 특히 고객이 관심 있어 하는 분야에 공부를 하고 눈높이를 맞추어 간다면 더할 나위 없이 준비된 영업사원이 되는 것이다. 책을 읽거나 강의를 듣는 것이 도움이 될 수 있다. 남의 이야기를 듣고 배우고 내 것으로 만들어 나가야 한다. 또한 개인적인 목표를 가지는 것도 좋다. 대학원 공부라든지 요리라든지 공통의 관심사 될 만한 것들을 배우고 눈에 보이지 않는 내공을 쌓아놓는 것이 자연스럽게 무형의 매너로 나타날 것이다. 이처럼 눈에 보이지 않는 자세, 태도, 마음가짐이 바로 무형의 매너이다.

자동차 세일즈 무형의 매너는 또 무엇이 있을까?

12. 자동차 세일즈 복장 매너

　자동차 영업사원이 절대 허투루 해서는 안 될 것 중에 하나가 복장이다. 영업사원답게 복장을 갖추어야 한다. 기본적으로 복장이 너무 화려해서는 안 된다. 담백함이 묻어나는 복장 매너가 필요하다. 판매는 복장 매너와 비례한다. 그래서 프로영업사원은 눈에 보이지 않는 속옷까지 신경을 쓴다. 눈에 보이는 옷이 눈에 보이지 않는 마음까지 반영하기 때문일 것이다.

　영업사원 복장의 기본은 셔츠이다. 화이트 셔츠가 가장 좋다. 화이트 셔츠를 입는 이유는 여러 가지가 있지만 화이트 색상이 주는 깨끗한 이미지가 가장 큰 이유다. 이것이 신뢰와 정직, 깔끔한 이미지로 연결된다. 이는 판매확률과 무관하지 않다. 한편 가장 주의해야 할 세일즈 매너 중에 하나가 바로 액세서리다. 몸에 아무것도 착용하지 않는 것이 기본이다. 반지, 시계, 목걸이 등의 액세서리는 계약 상담 시 고객에게 불편함을 줄 수 있으며 고객의 집중을 분산시킬 수 있다. 마지막으로, 영업사원 복장의 완성은 구두다. 구두는 깨끗하지만 광이 나지 않는 무광의 구두가 좋다. 많은 영업사원들이 이탈리아산 고급구두를 많이 신는다. 그런 구두들은 자칫 너무 요란해 보일 수 있으므로 주의해야 한다. 넥타이, 벨트, 구두 색깔은 통일하는 것이 원칙이다.

알맞은 옷을 입는 것도 중요하지만 양복에 주름이 가지 않도록 주의하는 것도 매우 중요하다. 양복은 자동차 영업사원의 얼굴이다. 그러므로 옷 구김에 주의하는 것은 아무리 강조해도 지나치지 않다. 양복바지의 뒤 주름, 양복 슈트 상의의 뒤 주름, 팔 주름이 가지 않도록 신경을 많이 써야 한다. 그래서 영업사원들은 식사를 할 때 구두를 벗고 밥을 먹는 곳은 피하는 게 좋다. 앉아서 식사를 하면 바로 양복바지에 주름이 가기 때문이다. 밥을 먹을 때는 의자에 앉아서 먹을 수 있는 곳으로 가야 한다. 이동할 때는 어떻게 해야 할까? 대부분이 자가운전을 하겠지만, 공용수단을 이용한다면 버스보다는 전철을 이용해야 한다. 버스, 특히 좌석버스로 출퇴근을 한다면 앉아있는 동안 어떻게든 주름이 가기 때문에 버스 이용은 자제해야 한다. 무엇보다 틈틈이 주름을 체크하며 신경을 쓰는 것이 중요하다.

자동차 세일즈 복장 매너는 또 무엇이 있을까?

13. 자동차 세일즈 말하기 매너

영업사원들은 대부분 말을 잘한다. 그렇지만 저자가 봤을 때, 말은 잘해도 표현은 잘 못하는 것 같다. 표현을 잘한다는 것은 나의 생각과 감정과 심장의 떨림을 말로서 전달하고, 나의 행동까지도 말을 통해 더욱 돋보이게 하는 것이다. 그러기 위해서는 첫 번째, 솔직하고 구체적으로 표현해야 한다. "좋다", "좋은 것 같아" 라고 표현하지 말고 어떤 부분이 좋은지 구체적으로 상상이 가도록 표현해야 한다는 것이다. 두 번째, 숨김 없이 표현을 해야 한다. 싫든 좋든 내가 가지고 있는 생각과 감정을 전부 쏟아 내어야 한다는 것이다. 세 번째, 명확하고 간단하게 중요한 단어를 표현하는 것이다. 네 번째, "잘 모르겠습니다", "절대로" 같은 부정적인 표현을 잘 여과 시켜서 표현해야 한다. 자동차 세일즈에 있어서 말하기는 곧 신뢰다. 평소에는 편하게 말하더라도 고객 상담 시에는 전문성 있는 고객지향적인 말하기 표현을 해야 한다. 표준어를 자연스럽게 구사하려는 노력도 해야 되고 (고향이 지방인 경우) 영어로 된 자동차 전문용어를 정확히 발음하고 설명할 수도 있어야 한다. 말하기는 꾸준한 발화연습이 필요하다.

자동차 세일즈의 말하기 매너는 또 무엇이 있을까?

14. 자동차 세일즈 듣기 매너

　누군가의 이야기를 진지하게 들어준 적이 있는가? 아니면 나와 전혀 반대의 주장을 하는 사람의 이야기를 진심으로 들어본 적이 있는가? 많은 사람들이 인생을 살아오면서 자기가 하고 싶은 이야기만 하고, 듣고 싶은 이야기만 들으면서 살려고 한다. 하루하루 살아가기에도 바쁜 세상이라 누군가의 이야기에 관심을 갖는 것이 힘겹게 느껴지기 때문일 것이다. 그렇다. 듣기는 관심이다. 관심을 쏟는 것이다. 그래서 듣기는 정성과 노력이 필요하다. 대부분의 사람들은 내가 듣고 싶은 이야기만 듣도록 길들여져 왔기에 누군가의 이야기를 듣는 것 자체가 힘들게 느껴질 수 있다.

　그렇다면 자동차 영업을 하면서 고객의 이야기를 잘 듣기 위해서는 어떤 것을 노력해야 할까? 온몸으로 에너지를 모아서 듣고 있다는 것을 상대방이 느끼게 해야 한다. 가장 중요한 것은

들을 때 고객의 눈을 내 눈과 자주 마주치는 것이다. 눈빛으로 교감을 계속해서 이어 나가야 한다. 듣기라는 표현보다는 '경청'이라는 표현이 더 잘 어울리겠다. 경청은 누구에게나 어려운 것 같다. 저자에게도 세상에서 가장 어려운 것 중에 하나가 바로 경청이다. 그만큼 경청은 어려운 일이다.

그렇다면 경청을 위한 세일즈 듣기 매너를 알아보자. 첫 번째, 나만의 원칙을 만든다. 참고로 저자가 개인적으로 정한 원칙은 고객이 말에 마침표를 찍을 때까지 무조건 듣는 것이었다. 두 번째, 적극적으로 반응을 한다. 고객의 말에 귀를 기울이고 있다가 고객의 말끝에는 "아~네" 같은 추임새를 해준다. 세 번째, 고객이 했던 이야기를 다시 한 번 말해준다. "이런 말씀이신 거죠?", "이런 의미로 말씀하신 거죠?", "이 말이 맞는 거죠?"라고 물어보면 좋다. 자동차 세일즈 듣기 매너는 자동차 판매의 지름길임을 잊지 말아야 한다. 첫 번째도 경청, 두 번째도 경청, 세 번째도 경청이다. 무조건 경청하자.

자동차 세일즈 듣기 매너는 또 무엇이 있을까?

15. 자동차 세일즈 글쓰기 매너

글쓰기는 나의 생각과 정신적 고민을 글로 표현하는 것이다. 예나 지금이나 영업사원들은 고객에게 적극적인 구애를 편지에 담아서 전달하는 경우가 많다. 요즘은 카톡이나 문자가 편지를 대신하기도 한다. 이러한 글쓰기의 목적은 차를 팔기 위한 고객의 관심을 끌기 위한 목적을 담고 있다.

이러한 세일즈 글쓰기 매너 첫 번째는 짧게 쓰는 것이다. 요점을 정리해서 핵심부터 적고 들어가야 한다. '고객님, 결론은 이렇습니다'라고 말이다. 핵심을, 결론부터, 짧게, 고객이 원하는 답 위주로 쓰자. 두 번째 세일즈 글쓰기 매너는 글씨를 잘 쓰는 것이다. 직접 펜으로 글을 쓸 때는 악필이어서는 안된다. 글씨는 바로 신뢰성을 드러내기 때문이다. 요즘은 컴퓨터로 대부분 글을 쓰지만 손글씨를 쓴다면 글씨를 잘 써야 하고, 악필이라면 차라리 글쓰기를 안 하는 것이 유리하다. 글을 구성하는 구성력,

의도를 전달하는 문장력과 더불어 눈에 보이는 글씨까지 신경을 써야 하는 것이 자동차 세일즈 영업사원의 글쓰기 매너다.

자동차 세일즈 글쓰기 매너는 또 무엇이 있을까?

16. 자동차 세일즈 읽기 매너

　자동차 세일즈에서 읽기 매너란 무엇일까? 영업사원이 자동차 매뉴얼을 잘 숙지하고 고객에게 잘 읽어주어야 한다는 것이다. 도대체 이건 무슨 소리인가? 대부분 영업사원들이 자신들의 제품인 자동차를 팔면서 중요한 내용에 대한 이야기는 그냥 고객에게 편안하게 "읽어보세요"라고 하고 만다. 하지만 계약서부터 약관, 설명서까지 직접 읽어주는 영업사원이 되어야 한다. 귀찮다. 아주 귀찮을 것이다. 그러나 시간을 내서 해보라. 의외의 반응이 돌아온다.

　잘 되지 않는다면 연습이 필요하다. 부모님을 상대로 먼저 해보는 것이 좋다. 어머니에게 자신이 좋아하는 소설이나 어머니가 좋아하시는 책을 읽어 드려보자. 오래전 아버지가 연애 시절 어머니와 주고받던 연애편지도 읽어 드려보자. 차근차근 눈으로 읽어보라. 그리고 입으로 읽어 드려라. 그리고 상대방의 반응을 보라. '읽는 것'만 해도 아주 큰 매너이자 무기가 된다는 것을 알게 될 것이다. 왜냐하면 아무도 읽어주지 않기 때문이다. 전화기에 대고 읽어주는 것도 상관없다. 지금 같은 스피드가 중요한 시대에 아날로그 한 '읽어주기'는 의외의 반응을 끌어낼 수 있다. 아무도 안 읽어주기 때문에 나부터 읽고 또 읽어주자. "고객님 저에게 딱 30분만 내어주세요. 제가 고객님이 구입하신 자동차에 대해서 계약서부터 약관, 보험, 자동차 매뉴얼까지 요점만 정리해서 읽어 드리겠습니다"라고 해보자(참고로 이것은 자동차를 설명하는 프레젠테이션과는 목적이 다르다). 나를 담당하는 영업사원이 차분히 내가 계약한 내용을 읽어준다면 어떤 느낌이 들겠는가? 분명 고객의 만족도는 올라갈 것이다.

자동차 세일즈 읽기 매너에는 또 무엇이 있을까?

17. 자동차 세일즈 SNS 온라인 매너

SNS라는 개인 네트워크 서비스의 발달로 인해서 우리 생활은 너무나 편리해졌다. 수없이 많은 관계와 소통도 SNS로 가능해졌다. 심지어 말보다는 SNS의 이모티콘 하나가 나의 마음을 더 잘 전해주기도 한다. 말할 것도 없이 자동차 세일즈에 있어서도 SNS의 역할은 매우 커졌다. 날씨 이야기라든지 가벼운 의사소통에는 SNS가 제격이다. 하지만 단점도 있다. SNS는 SNS로만 끝난다는 점이다. 계약을 위해서는 만날 수 있는, 직접 얼굴을 보고 대화할 수 있는 상담이 이루어져야 하는데 SNS로 하는 가벼운 소통, 상담이 판매로 이어지지 않는다면 이러한 과정의 의미가 퇴색될 수도 있다. SNS를 적극 활용하되, 이런 단점을 보완할 수 있는 전략을 가지는 것이 필요하다.

자동차 세일즈 SNS 온라인 매너는 또 무엇이 있을까?

18. 자동차 세일즈 전화 매너

스마트폰의 등장은 영업의 양태를 송두리째 바꾸어놓았다. 혁명이라 할만하다. 전화가 없던 시절에는 어떻게 영업을 했을까 싶을 정도로 스마트폰을 통해 영업 활동의 유형이 다양해졌다. 영업사원에게 있어서 전화는 가장 큰 세일즈 무기 중에 하나이다. 그렇다면 자동차 세일즈 전화 매너의 핵심은 무엇일까? 걸려온 전화를 '바로 받는다'는 것이다. 대부분의 사람들은 모르는 전화번호로 전화가 오면 전화를 가려 받는다. 스팸으로 생각하거나 불편한 전화일 것이라고 판단하는 것이다. 하지만 영업사원은 그래서는 안 된다. 전화가 걸려왔을 때 전화를 바로바로 받는 것이 중요하고, 상담이나 시승 등 여러 가지 이유로 인해서 전화를 못 받았을 경우에는 반드시 문자 메시지를 남겨놓는다. 그리고 꼭 연락을 드리는 것이 중요하다.

자동차 세일즈 전화 매너는 또 무엇이 있을까?

19. 자동차 세일즈 명함 매너

　일반적인 명함 매너는 널리 알려져 있다. 따라서 여기서는 기본적인 명함 매너보다는 세일즈 명함 매너 대해서 알아보겠다. 자동차 세일즈에 있어서 명함은 상대방에게 나를 알리는 수단이기 때문에 중요하다. 명함에 내가 누구인지, 뭘 하는 사람인지 등 나를 알리는 내용이 쉽게 이해되도록 쓰여 있는가? 고객이 쉽게 받아들일 수 있는가? '나는 자동차를 판매하는 사람이고 내가 다루는 브랜드는 이렇다'는 것을 고객이 알아야 한다. 명함을 통해서 나를 온전히 드러낼 수 있어야 한다. 영어 이름, 한자 이름, 전화번호, 회사직통번호, 이메일 등 고객에게 알려야 될 내 정보를 압축적으로 잘 담아내자.

　자동차 세일즈 명함 매너는 또 무엇이 있을까?

20. 자동차 세일즈 사인 매너

영업사원에게 사인은 중요하다. 사인이 곧 나를 나타내기 때문이다. 지금 한 번 사인을 해보자. 스스로의 사인이 어떻게 느껴지는가? 별 생각이 들지 않는다면 그동안 형식적으로 사인을 해왔다는 증거다. 프로영업사원은 하루에도 몇 번씩 계약체결 등으로 사인을 한다. 그리고 그때마다 나를 나타내는 사인을 하게 된다. 그런데도 사인에 신경을 쓰지 않는다는 건 큰 부분을 놓치고 있는 것이다.

그래서 영업사원에게는 공식적인 나만의 사인이 필요하다. 내가 판매하는 자동차만큼 무게 있고 신뢰감을 주는 사인이면 좋다. 사인이 단순하다고 해서 잘못된 것은 아니다. 그렇지만 디테일한 부분까지 신경을 쓴다는 것이 중요하다. 스스로의 특성을 고려해서 궁합이 맞는 사인을 만들어 보자. 내 사인에 대해 좀 더 객관적인 평가를 받아 보는 것도 나쁘지 않다. 한 번 만들면

평생 사용하게 될 사인인 만큼, 심사숙고해서 만들면 평생 영업을 하는 동안 나도 모르는 사이에 고객에게 좋은 인상을 주고 있는 영업사원이 되어 있을 것이다.

자동차 세일즈 사인 매너는 또 무엇이 있을까?

21. 자동차 세일즈 고객소개 매너

　자동차 세일즈를 할 때 새로운 고객을 만날 수 있는 접점 중 하나가 바로 '기존 고객의 소개'다. 일단 기존 고객이 나에게 다른 고객을 소개해줬다는 것은 그 고객이 영업사원을 신뢰하고 있다는 의미다. 시간으로 쌓은 성과다. 그래서 고객소개는 자동차 영업사원에게는 정말 고마운 일이다. 판매라는 결과를 낳기 위한 시간과 프로세스를 줄일 수 있다는 점은 말할 것도 없다.

　그렇게 얻은 소중한 기회이기 때문에 고객을 소개받았을 때 정말 신중하게 접근하는 것이 중요하다. 그렇다면 기존 고객으로부터 소개를 받았을 때 필요한 세일즈 매너는 무엇이 있을까?

　첫 번째, 계약성사 여부와 상관없이 소개해준 기존 고객에게 정성을 다해 고마움의 표시를 해야 한다는 것이다. 꼭 계약이 되었다고 해서 감사하다고 하는 것이 아니라 고객을 소개해주는 그 순간부터 성의 표시를 해야 한다.

두 번째, 소개를 받았다면 바로 전화해야 한다. '나중에'라는 것은 없다. 고객을 소개 받는다면 즉시 연락을 하는 것이 소개 받을 고객과 소개를 해주는 고객에 대한 세일즈 매너라고 할 수 있다.

자동차 세일즈 고객소개 매너는 또 무엇이 있을까?

22. 자동차 세일즈 회식 매너

자동차 영업부서의 회식은 자주 있다. 영업부서에서 회식은 업무의 연장이다. 그만큼 회식도 중요한 자리라는 말이다. 그렇지만 회식으로 인해 스트레스를 받는 영업사원이 많다. 참석을 해야 하는 회식과 눈치껏 빠져도 되는 회식이 있다.

회식은 며칠마다 하는 것이 적당할까?

자동차 세일즈 회식 매너는 또 무엇이 있을까?

23. 자동차 세일즈 식사 매너

영업사원에게 식사 매너가 필요하다는 게 무슨 말일까? 영업의 특성상 식사자리도 비즈니스의 연장이 된다는 말이다.

고객과의 만남이 잦아지면 자연스럽게 친해지게 되고, 식사를 통해 고객과의 관계를 형성하게 되는 경우가 많다.

고객과의 식사는 영업사원에게 빼놓을 수 없는 요소인 것이다. 그래서 식사자리에서 지켜야 할 매너도 필수적으로 알아둬야 한다.

영업사원이 지켜야 할 세일즈 식사 매너는 무엇이 있을까?

같이 식사를 한다는 것 자체가 고객이 영업사원을 신뢰한다는 것을 의미한다. 그러므로 그 자리에서의 영업 전략을 세워둬야 한다. 영업적인 측면에서 '어떻게 하면 고객이랑 함께 밥을 먹을까?', '어떻게 하면 식사를 함께 할 수 있을까'를 고민해야 한다.

영업사원의 점심 식사와 저녁 식사는 늘 고객과의 약속으로 채워져야 한다.

자동차 세일즈 식사 매너는 또 무엇이 있을까?

24. 자동차 세일즈 흡연 매너

고객을 상대하는 영업사원은 늘 스트레스에 시달린다. 그리고 그 스트레스를 풀기 위해서 담배, 술, 커피를 가까이할 수밖에 없다. 요즘은 담배에 대한 인식이 바뀌어서 비흡연자인 영업사원이 늘어나고 있지만 여전히 담배로 스트레스를 푸는 영업사원도 있다. 흡연을 하는 경우라면, 담배 냄새로 인해 고객이 불쾌감을 느끼지 않도록 고객 상담 전에는 담배를 피우지 말아야 한다. 이것은 많은 고객을 상대하고 상담해야 하는 영업사원은 잘 알고 있는 내용이다.

사무실, 자동차, 회식, 모임 등에서 자동차 세일즈 흡연 매너는 또 무엇이 있을까?

25. 자동차 세일즈 경조사 매너

'희로애락을 함께 한다'는 표현이 있다. 인생사를 함께한다는 좋은 의미의 말이다. 영업사원은 많은 고객을 관리하고 있다. 적게는 몇 백 명에서 많게는 몇 만 명의 고객을 관리하기도 한다. 이렇게 많은 고객을 관리하다 보면 경조사 소식을 듣게 된다.

고객의 경조사는 어떻게 챙겨야 할까? 고객의 경조사에 대한 세일즈 매너는 무엇일까?

자동차 세일즈 경조사 매너는 또 무엇이 있을까?

제5장

자동차 세일즈
영업 실전

automobile sales manners

1. 자동차 세일즈 프로세스

　자동차를 판매하는 영업사원은 꼭 '세일즈 프로세스'를 지켜야 한다. 시간이 걸리더라도 고객과의 신뢰관계를 구축해나가는 과정을 거쳐야 한다는 의미다. 그렇다면 자동차 세일즈 프로세스는 과연 무엇을 말하는 것일까? 국가와 문화, 브랜드에 따라 조금씩 달라질 수 있으므로 한국형 자동차 세일즈 프로세스를 기준으로 설명하겠다. 최초로 고객을 만나게 되는 접점 7가지를 기준으로 프로세스를 나눴다. 각 프로세스는 이렇게 진행된다.

1. 신규 방문 활동 프로세스
　1) 신규 방문
　2) 고객의 필요사항 파악
　3) 전시장 방문
　4) 신차 소개
　5) 시승

6) 견적과 계약

7) 신차 인도

8) 고객의 사후관리

2. 전시장 당직 활동 프로세스

1) 전시장 고객 맞이

2) 고객의 필요사항 파악

3) 신차 소개

4) 시승

5) 견적과 계약

6) 신차 인도

7) 고객의 사후관리

3. 지인 소개 활동 프로세스

1) 지인 소개

2) 즉시 만남

3) 고객의 필요사항 파악

4) 신차 소개

5) 시승

6) 견적과 계약

7) 신차 인도

8) 고객의 사후관리

4. 전화 활동 프로세스

1) 전화 접촉

2) 고객의 필요사항 파악

3) 즉시 만남

4) 신차 소개

5) 시승

6) 견적과 계약

7) 신차 인도

8) 고객의 사후관리

5. 광고 홍보 활동 프로세스

1) 광고 홍보 활동

2) 전화 접촉

3) 고객의 필요사항 파악

4) 즉시 만남

5) 신차 소개

6) 시승

7) 견적과 계약

8) 신차 인도

9) 고객의 사후 관리

6. 온라인활동 프로세스

1) 온라인 접촉

2) 전화 접촉

3) 고객의 필요사항 파악

4) 즉시 만남

5) 신차 소개

6) 시승

7) 견적과 계약

8) 신차 인도

9) 고객의 사후관리

7. 가망 고객 관리 프로세스

  1) 가망 고객 정리

  2) 전화 및 SNS 관리

  3) 직접 만남 및 재만남

  4) 고객의 필요사항 파악

  5) 전시장 방문상담 약속

  6) 신차 소개

  7) 시승

  8) 견적과 계약

  9) 신차 인도

  10) 고객의 사후관리

　　이는 한국에서의 영업활동을 정리한 나만의 표현방법이며 프로세스는 정의하기에 따라서 달라질 수 있다. 그러므로 더욱 많은 케이스가 있을 수도 있겠다. 하지만 기본적으로 이 7가지 프로세스를 균형감 있게 진행해나갈 수 있는 능력이 프로 영업사원으로 성공하는 데 필수적인 요소다.

　　참고로 가망 고객관리 프로세스는 모든 프로세스가 진행되는 과정에서 꼭 필요한 프로세스이며, 앞서 이야기한 여섯 가지의 프로세스 초기접촉 후 진행되는 모든 과정에 포함되어야 하는 프로세스 단계이다.

2. 자동차 세일즈 영업공식_SS

Smile Smile

Something Special

Small Success

Street Smart

Sweet Spot

Sales Superstar

Self Satisfaction

영업의 공식은 SS다. SS란, 저자가 말하는 일곱 개의 단계로 이루어진 영업 공식이다.

1단계 Smile Smile(미소 미소)

'얼굴은 바꿀 수 없어도 표정은 바꿀 수 있다'라는 훌륭한 말이 있다. 표정은 나의 거울이기도 하다. 그래서 SS의 첫 번째 공식은 바로 'Smile Smile(미소 미소)'이다. 치아를 드러내고 환하게 웃는 것도 중요하지만 살짝 방그레 미소 짓는 스마일(Smile) 표정을 늘 유지해야 한다. 의식적으로라도 입가에 웃음을 머금고 있으려는 노력이 필요하다. 항상 미소 짓는 사람이 되자. 웃는 모습이야말로 영업의 시작이다.

2단계 Something Special(특별한 어떤 일)

'Smile Smile(미소 미소)'을 만들었다면 이제는 무엇을 해야 할까? 바로 'Something Special'이다. Something Special이란 바로 특별한 그 어떤 일을 만드는 것이다. 특별한 일이 생기게 하는 법은 사실 간단하다. 내가 먼저 용기를 내고 내가 먼저 움직이고 다가가는 것이다. 특별한 어떤 일이라고 이름 지었지만, 전혀 어렵지 않다. 내 주변에 있는 모든 것들이 특별한 일이 될 수 있다. 단지 Something Special을 만드는 것은 사람과 사람과의 Something Special이라는 것을 알면 된다. 아버지와 밥 먹기, 동료들에게 고맙다는 표현하기, 마주치는 사람에게 밝게 인사하기. 이 모든 것들이 Something Special이 될 수 있다. 짧은 시간이라도 나눔을 가지는 것이 아주 좋은 방법이 될 수 있다. 나의 Something Special을 주위에 있는 모든 사람들과 공개적으로 나누고 적극적인 지지를 받는 것이다. 이러한 Something Special을 만들고 주변에 나눌 때 비로소 내공이 차곡차곡 쌓이기 시작한다. 그러면 생각지도 않았던 '특별한 어떤 일'이 많이 생길 것이다.

3단계 Small Success(작은 성공)

Smile Smile(미소 미소). 얼굴에 가득 미소를 머금고 있는가? Something Special(특별한 어떤 일). 평소 아무렇지도 않게 생각했던 모든 것들을 특별하게 만들고 있는가? 이 모든 게 어렵게 느껴지더라도 괜찮다. 지금처럼 이 글을 읽고 '그렇구나'라고 이해만 하고 넘어가는 것만 해도 충분하다. 다음 단계는 'Small Success'이다. Small Success란 뭘 말하는 걸까? 작은 성공의 경험들이 모여서 하나의 큰 경험이 된다는 의미다. 여러분들이 생각하는 대가들과 성공한 사람들도 처음부터 그렇게 멋진 성공을 한 것은 아니다. 그렇다면 작은 성공에는 무엇이 있을까? 하루를 살면서 하늘 쳐다보기, 심호흡 열 번 하기, 아침에 일어나서 '파이팅' 외쳐보기, 양치질 3번 하기 등 어렵지 않은 일들 모두가 작은 성공이 될 수 있다. 눈에 보이는 것이든 눈에 보이지 않는 것이든 작은 성공의 경험을 본인의 기준으로 만들어서 '실천'하면 된다. 오늘의 작은 실천이 Small Success가 될 것이다. 영업에 적용해 본다면 '오늘은 10명의 고객에게 전화하기', '통화가 되건 안되건 일단 수화기 들기'같은 것들이 있을 것이다. 저자가 오늘 정한 Small Success는 '집에서 전철역까지 걷기'다.

4단계 Street Smart(스트리트 스마트)

어떠한 일도, 위대한 일이 되기 위해서는 시간을 필요로 한다. 시간을 앞서갈 수는 없다. 계절을 뛰어넘을 수는 없다. 시간이 더해짐으로서 모든 일은 위대해 진다. 'Street Smart'는 '바닥에서부터 시작하여 최고의 자리에 오른 사람'이다. Street Smart가 될 준비가 되었는가? 이미 스스로 Street Smart가 되었다고 생각하는가? 그렇다면 이제는 일이 즐거워질 것이다. 필드를 바라보고 필드에서 성장해 나가는 자신을 만나보자. 고객들을 만나고 고객들과 성장해 나가는 자신을 만나보자.

5단계 Sweet Spot(스위트 스폿)[1]

Street Smart(스트리트 스마트)에게는 모든 것이 기회다. 그에게는 'Sweet Spot'이 여러 차례 다가온다. 스스로 Sweet Spot을 만들기도 하고 주변의 고객이 Sweet Spot을 만들어 주기도 한다. 또는 조직 내에서 끌어주는 사람을 만나기도 한다. Street Smart를 벗어났다면 Sweet Spot 단계에서는 놀라운 기회의 시간을 가지면 된다. 이 단계에서는 나도 모르게 성장할 수 있을 것이

---

1 골프채, 라켓, 배트 등으로 공을 칠 때, 많은 힘을 들이지 않고 원하는 방향으로 멀리 빠르게 날아가게 하는 최적 지점이 스위트 스폿이다. 원래 스포츠 분야에서 나온 용어이나, 어떤 분야에서든 최고로 좋은 시기나 부분, 한마디로 최적화된 상태를 나타내는 의미로 폭넓게 사용되기도 한다(시사경제용어사전, 기획재정부, 2010. 11).

다. 영업사원 본인이 할 수 있는 건 아무것도 없다. 그냥 자연스럽게 모든 것들이 만들어지므로 그 기회를 잡으면 그 뿐이다.

6단계 Sales Superstar(세일즈 슈퍼스타)

바닥에서부터 성장해 온 사람들(Street Smart)은 쉽게 무너지지 않는다. 사상누각은 남의 집 얘기다. 'Street Smart'로 꾸준히 내 공을 쌓고, 'Sweet spot(스위트 스폿)' 단계를 거쳐 성장해 오면 나도 모르게 어느 순간엔가 슈퍼스타가 되어 있을 것이다. 남들이 다 인정해 주는 'Sales Superstar' 말이다. 개인마다 그 양상은 다를 수 있다. 혹은 Sales Superstar가 아니더라도 적어도 일정한 나의 분야에서 누구나 인정할 수 있는 그런 슈퍼스타가 되어 있을 것이다. 그런 나를 상상해 보라.

7단계 Self Satisfaction(자기 만족)

이 단계는 영업, 일, 삶 등 모든 일을 통해서 자기만족을 할 수 있는 단계다. 자기 스스로가 충만해지는 시간이 오는 것이다. 부와 명예는 저절로 따라오고 생기는 것이다. 이 단계에서 중요한 것이 있다면 사람을 놓치지 않는 것이다. 사람을 내 곁에 둘 수 있다면 정말 좋겠지만 그렇게 하기가 쉽지 않다. 하지만 영업을 통해서 나를 알아주는 사람들의 마음을 얻게 되고, 그로 인해 행복해질 수 있다. 이것이 바로 저자가 말하는 SS 이론이다.

3. 자동차 세일즈 기본 3요소_BCL

자동차 세일즈에 있어서 가장 중요한 세 가지 요소는 'Brand', 'Customer', 'Local'이다. 줄여서 BCL이다. BCL 이론은 간단하다.

첫 번째, '브랜드'다. 가장 기본적으로 내가 다루는 브랜드에 대한 이해가 선행되어야 한다. 브랜드 정체성에 대한 이해도 우선되어야 한다.

두 번째, '고객'이다. 우리의 고객은 누구인가? 고객을 정확히 알고 파악하는 것이 중요하다. 단순한 타겟 설정이 아니라 그들의 사고 세계, 문화, 이상향, 습관, 라이프스타일, 행동, 성격, 성향, 심리까지 알아야 한다는 것이다. 따라서 스스로 다양한 영역에 대한 공부를 많이 해야 한다.

세 번째, '지역'이다. 지역의 개념은 무궁무진하다. 건축 건물에서부터 지역색, 사람들, 시간, 공간 등 많은 것들이 지역에 포함된다. 이러한 지역에 대한 이해가 전제되어야 세일즈를 하나갈 수 있다(자세한 내용은 저자의 강의를 통해 확인할 수 있다). 다시 한 번 말하지만 브랜드, 고객, 지역 이 세 가지를 잘 꿰뚫고 있어야만 넓고 크게 세일즈 현장을 바로 볼 수 있다. 영업을 시작할 때 BCL에 대한 기본은 꼭 확립해야 한다.

4. 자동차 세일즈 판매사(딜러사)

자동차판매의 기본 유통 구조에 대해 알아보겠다. 벤츠, 비엠더블유, 아우디, 도요타 등 대부분의 글로벌 자동차 회사들은 '제조사'이다. '제조사'라는 것은 말 그대로 제품을 만들어내는 회사라는 뜻이다. 이들은 각 나라에 본사를 두고 동유럽, 북미, 중국, 멕시코, 동남아 등 다른 국가에 글로벌 공장을 세워서 자동차라는 제품을 생산해 낸다. 그리고 각 나라에 지사를 설립한다. 흔히 보이는 '○○코리아' 라고 불리는 회사들이 그런 회사들이다. 이런 회사들은 자동차 제조사들이 그 나라에 제품을 팔기 위해 공급하기 위해 100% 지분출자를 통해 지사를 설립하여 자사 제품(자동차)을 수입하여 공급하는 역할을 맡고 있다. 흔히 말해서 '임포터'라고 한다. 이러한 임포터는 제품을 수입만 할 뿐 판매·유통을 하지는 않는다. 예전에는 수입과 유통을 겸하는 경우가 많이 있었으며 지금도 '코리아'가 설립되지 않은 몇몇 브랜드 업체들은 수입과 판매를 병행하고 있다.

임포터는 판매사, 딜러사, 판매대행사라고 불리는 파트너와 계약을 맺고 제품 자동차 판매를 각 로컬 지역 국가에서 하고 있는데, 이러한 대부분의 판매사들은 메가딜러로 불리는 대형판매사와 중형판매사, 소형판매사로 나뉘어서 지역(테라토리)을 구분하여 판매를 진행하고 있다. 한국시장에서는 대기업이 이런 파트너 판매사를 맡고 있는 경우가 많으며, 지방으로 갈수록 지역에서 성장한 기업들이 수입자동차 판매를 담당하고 있다.

여기서 중요한 포인트 중에 하나는 제품을 만들어내는 제조사와 판매사의 구분을 두기 때문에 판매사별로 규모와 시스템 운영의 노하우에 차이가 있다는 점이다. 특히 한국브랜드인 현대, 기아, 쉐보레, 르노삼성, 쌍용을 예를 들면 현대와 기아는 직영지점과 판매대리점을 병행 운영하며 쉐보레는 각 지역의 판매사 그리고 판매사에 다시 계약을 맺은 판매대리점 체제를 운영해오다가 최근 다시 임포터와 직접 계약관계에 있는 개별 판매대리점 관계로 변환했다. 르노삼성은 직영지점과 판매대리점 체재에서 각 지역을 묶는 수입자동차 판매사 모델로 판매체제를 바꾸어 대형판매사 법인판매사를 운영하는 체재로 전환하고 있으며 쌍용은 개별 판매대리점으로 운영을 해나가고 있다.

또 하나의 중요한 포인트 중에 하나는 수입사는 제품을 수입해 올 뿐이고, 판매사에서 서비스를 맡는다는 것이다. 판매사의 규모나 지역에 따라서 대형 서비스센터를 운영하는 곳이 있고, 단일 소형 서비스센터를 운영하는 판매사가 있다. 제품은 브랜드에서 만들고 판매와 서비스를 딜러사나 판매사, 대리점이라고 불리는 업체들이 담당을 하는 것이다. 위와 같은 수입사, 임포터, 메가딜러, 판매사, 대리점, 직영점의 구분을 잘 이해해야 한다. 대부분의 외국계 회사나 수입사 산하의 판매사(딜러사)에 소속되어 있는 영업사원들은 정규직이 많으며 기본급과 판매수당을 받는다. 국산 자동차의 경우, 직영지점의 영업사원은 정규직인 반면 대리점 소속의 영업사원은 대리점소속 개인사업자이거나 위촉직 영업사원들이 대부분이다. 국산 자동차 중에서도 대리점이 일반사업자냐 법인사업자이냐에 따라서 영업사원이 4대 보험이 적용되는 정규직인 경우도 최근에는 많이 늘어나고 있다. 앞으로 좀 더 체계적이고 안정적인 판매사 시스템이 정착될 전망이다. 따라서 영업직을 꿈꾸고 있다면 해외자동차 선진국으로 눈을 돌려 엄청난 규모의 딜러 기업들을 볼 필요가 있다.

5. 자동차 세일즈 영업교육

자동차 세일즈 영업 교육이라는 표현보다는 자동차 세일즈 소통 교육이라는 표현이 맞을 것 같다. 자동차 세일즈에 있어서 영업사원들을 위한 교육은 정말 필요한 부분이다. 그렇지만 아직까지도 영업사원들의 눈높이에 맞는 필요한 교육보다는 전통적인 프로그램의 교육이 많이 이루어지고 있다. 물론 교육 자체는 훌륭하다. 그렇지만 이제는 일방적인 방식의 보수적인 교육에서 벗어나 상호보완적인 교육을 진행해야 한다. 교육에만 머물러 있는 것이 아니라 한 걸음 더 나아가는 교육이 필요하다는 것이다. 특히 자동차 세일즈 교육은 더욱 그러해야 한다.

요즘 많은 기업들의 교육이 '코칭'으로 바뀌어 가고 있다. 코칭은 스스로 해나갈 수 있도록 동기부여를 하고 도와주는 것이다. 교육을 한다는 것, 가르친다는 것은 정말 힘들고 어려운 여정이기 때문에 스스로 할 수 있도록 동기를 부여하고 도와줄 수 있는 '코칭'을 도입한 것이다. 따라서 코칭의 목적을 달성하기 위해서는 모든 사람들이 함께 분위기를 만들어야 한다. 한편의 블록버스터 영화를 본 것 같은 두세 시간짜리 단기성 교육은 이제는 역사의 뒤안길로 사라져야 한다.

또, 제품교육만큼 영업의 본질과 방향성을 만들어 나가는 교육이 필요하다. 제품교육은 제품교육답게 영업교육은 영업교육답게 진행해야 한다. 아무리 강의 내용이 좋아도 영업교육을 받는 영업사원이 그 내용을 실천하지 않으면 의미가 없다. 행동하고 실천하는 게 가장 중요하다. 교육이라기보다 영업의 혼을 전수한다고 하는 것이 더 맞는 표현일 것이다.

영업사원교육은, 특히 신입사원 교육은 가능성을 찾아가는 여정이며 가능성을 만들어가는 여정이다. 강사 한 사람, 리더 한 사람도 중요하지만 커리큘럼과 프로그램이 핵심이다. 현재는 편안하게 테크닉, 스킬만 가르치려는 커리큘럼이 대부분이다. 영업사원들도 노하우를 배우는 데만 관심을 둔다. 신입사원들 또는 경력사원들을 대상으로 영업교육을 한다고 하면 삼박자가 맞아야 한다. 기다려주고 전폭적으로 지원해주는 회사, 구성원의 노력과 희생, 눈높이를 맞추려고 노력하는 교육 운영자와 강사들까지 세 가지가 조화를 이뤄야 하는 것이다. 그래야 영업교육이 성공할 수 있다. 힘을 쏟지 않으면 영업사원들은 금방 알아버린다. 영업교육의 목적은 영업을 하고 싶도록 만드는 것이다. 쉽게 갈 수 있는 지름길을 가르쳐 주기보다는 제대로 된 정석, 원칙과 기준을 가르쳐줘야 한다. 시간이 걸리더라도 교육만하는 게 아니라 함께 희로애락을 경험해야 한다. 그 깐깐한 원칙들이 교육의 가치를 드높인다. 이 점을 잊어서는 안 된다. 반드시 성공시키겠다는 일념으로 영업교육에 임해야 한다.

6. 자동차 세일즈 비전

4차 산업혁명시대에는 기계가 할 수 없는 일을 하라고 앞에서 언급한 바 있다. 인간다움이 흐르는, 따뜻함이 흐르는, 재미있는, 사람을 상대하는 자동차 세일즈 직군은 시간이 갈수록 그 가치가 더하리라고 판단이 된다. 자동차 세일즈는 사람이 할 수밖에 없는 일이다. 인간이 가장 잘할 수 있는 일이다. 스펙은 잊고 열정과 실력으로 도전하라. 그리고 SS가 돼라.

7. 자동차 세일즈 매니저

'열 번 이상 이야기하지 않은 것은 한 번도 이야기하지 않은 것과 같다' 경영의 대가 잭 웰치가 한 유명한 말이다. 자동차 세일즈에서 관리자인 매니저는 어떤 사람일까? 어떤 역할을 해야 할까? 여기서 사전적 정의는 생략하도록 하겠다. 매니저, 관리자는 실력이 있어야 한다. 경력과 내공, 나이, 직급을 떠나서 자신의 분야에서 인정받을 만한 실력이 있어야 한다. 또한 자기관리가 철저한 사람이어야 한다. 실력과 철저한 자기관리. 당연히 보이지 않는 정성과 노력은 기본이다. 관리자 매니저의 가장 큰 덕목은 내가 몸담고 있는 회사에 매출이익을 가져다주는 것이다. 누가 뭐래도 결과가 중요하기 때문이다. '측정할 수 없는 것은 관리할 수 없다'는 이야기가 있다. 바닥에서부터 쌓은 경험은 바로 측정할 수 있는 경력이 되어줄 것이다. 경험은 단순히 시간이 지난다고 해서 얻을 수 있는 것이 아니다. 정성과 노력으로 쌓아 올려야 하는 것이다. 스페셜리스트(Specialist)와 제너럴리스트(Generalist)의 경계를 자유롭게 오가야 한다.

또한 자동차 세일즈에서 관리자인 매니저는 전체적인 흐름에서의 고객관리, 고객을 바라보는 눈도 필요하다. 전체적인 시장의 큰 흐름을 잘 읽어야 한다. 그렇지 않으면 잘못된 판단이나 지시로 인해 조직의 전체적 분위기를 저하시킬 수 있다.

구성원들과의 소통도 아주 중요하다. 모 유명강사는 '통통'이라는 표현을 쓴다. '소통하지 않으면 고통받는다'는 이야기인데, 그만큼 관계는 가장 중요한 부분이다. 직원들과 관계, 소통 관리를 잘 하는 매니저가 되어야 한다. 코칭, 상담, 심리학 등 전문적인 지식이 필요하고 꾸준히 준비를 해야 한다. 열정이 필요한 일이다. 시간을 사람에 투자해야 한다. 같이 밥 먹고 이야기를 들어주고 경청하고 전문적인 지식을 바탕으로 코칭을 해주는 것이 소통자로서의 매니저의 역할이다. 급성장하는 시기에는 조직의 비전과 가치를 굳건히 하는 소통을 해야 한다. 좋은 시절에는 결과를 관리하고 힘든 시절에는 과정을 관리해야 한다. 구성원들이 일을 잘할 수 있도록 도와주어야 한다. 그리고 배울 수 있도록 안내하고 적극적으로 도와주어야 한다. 이런 것들을 누루두루 해나가면서 얼마나 건강하게 조직을 이끌어 가느냐가 매니저의 중요한 덕목이다.

8. 자동차 세일즈 채용

자동차 세일즈에서 가장 핵심은 채용이다. 모든 산업군이 마찬가지겠지만 사람의 능력이 많이 발휘되고, 눈에 보이지는 않는 가치와 소프트웨어적인 역량이 많이 드러나는 분야가 세일즈 영업부문이기 때문이다. 영업에 대한 열정과 역량이 있는 사람을 뽑아서 영업을 하고 싶게끔 하고 미래를 보여주면 된다. 어쩌면 채용만 완벽하게 이루어진다면 교육은 필요가 없을지도 모르겠다. 스스로 성장하는 사람에게는 동기만 부여하면 되기 때문이다. 채용에서 중요한 것은 일원화가 이루어져야 한다는 사실이다. 대부분의 회사들이 채용은 인사팀에서, 교육은 교육팀에서, 발령은 다시 지점 상황에 따라서 이루어지고 있다. 이런 과정이 하나의 채널에서 모두 이루어진다면 더욱 좋은 채용결과를 얻을 수 있을 것이다. 영업사원으로 신입을 채용하는 것이 아니라 프로를 채용하는 것이다.

제6장

자동차 세일즈
영업사원
직무 탐색

automobile sales manners

1. 자동차 세일즈 성격성향심리
"네 마음을 보여줘"

　관계학, 심리학, 코칭학 등은 배워보고 싶은 사람은 많지만 어려워서 선뜻 손을 못 대는 학문으로 알려져 있다. 이 학문들은 왜 어려울까? 우리 삶의 관계를 다루기 때문일 것이다. 우리의 삶은 관계로 얽히고설켜 있다. 어떠한 사람도 혼자서는 살아갈 수 없는 사회구조인 것이다. 연결이라는 고리, 관계라는 고리로 엮이고 엮여 있는 것이 우리들의 삶이다. 결혼을 하고 가족을 이루고 하나의 공동체로 살아간다. 역시 제일 힘든 것도 옆에 있는 사람과의 관계이다.

　자동차 영업사원에게는 이러한 관계에 적응하는 성격성향심리가 중요한 요소가 될 수 있다. 자동차 영업사원의 성격성향심리에 따라서 자동차를 살 고객이 안 사기도 하고 안 살 고객이 사기도 한다는 말이다. 모든 직업에 적용되는 말이겠지만 내가 어떤 성격성향심리를 가지고 있는지를 알면 나의 성격에 맞는 일을 할 수 있다. 특히 자동차 세일즈 직군은 더욱 이러한 영업사원의 성격성향심리를 알아야 제대로 된 영업조직을 만들 수 있다. 그래서 에니어그램을 바탕으로 한 성격성향심리에 대해서 이야기를 전개해보도록 하겠다(저자는 '공명에니어그램 연구소'에서 공부를 하였으며 일부 내용은 그곳에서 공부한 내용 중에서 발췌한 것임을 밝힌다).

사람의 성격을 구분하는 방법은 여러 가지가 있다. 에니어그램에서는 사람을 세 가지 유형으로 구분한다. '사고 지향적인 사람', '행동 지향적인 사람', '감정 지향적인 사람', 이 세가지다.

유형별로 살펴보면 첫 번째, 사고 지향적인 사람은 머리, 불안, 미래, 정보, 계획이라는 단어 콘텐츠에 집중한다. 두 번째, 행동 지향적인 사람은 장, 분노, 현재, 행동, 감이라는 단어 콘텐츠에 집중한다. 세 번째, 감정 지향적인 사람은 가슴, 수치심, 과거, 느낌, 관계라는 단어 콘텐츠에 집중한다.

아래는 간단히 나는 어떤 사람인지 알아볼 수 있는 질문들이다. 스스로 답변해보자.

질문1. 친구가 휴일에 등산을 가자고 제안했다. 당신의 반응은?

 1. 어느 산에 갈 건데?
 2. 누구랑 가는데?
 3. 언제 어디서 만나는데?

질문2. 중학생 딸과 같이 길을 걸어가고 있는데, 딸이 쇼윈도에 걸린 옷을
보더니 "엄마 저 옷 참 예쁘지?"라고 말할 때 당신의 반응은?

1. 너는 저런 옷 스타일을 좋아하니? (궁금 / 생각)
2. 응, 예쁘네. 우리 딸 저 옷이 맘에 드는구나! (느낌 / 감정표현)
3. 너, 입을 옷 많이 있잖아! (산다, 안 산다 행동초점)

이렇게 각자 어떤 사람인지 큰 그림이 그려지면 하위유형은
'나', '우리', '다 같이'라는 세 가지 유형으로 나눠진다. 다시 말하
면 '나 유형'은 혼자서 잘하는 사람이고, '우리 유형'은 둘이 하면
더 잘하는 사람이고, '다 같이 유형'은 다 같이 하면 더욱 잘하는
사람이다. 그럼 유형을 표로 보도록 하겠다.

자기보존	- 나, 집, 돈, 건강, 자식 등 신체적인 안전과 안락을 얻고 그것을 유지하는데 많은 관심을 둠 - 음식, 주거, 옷, 돈, 신체적 건강이 중요함 - 자족적, 개인적, 방어적, 조심스러움
일대일	- 나, 너라는 일대일 관계에 관심 - 개인적 관계 사적인 관계 중시 - 친밀감, 마니아, 힘 있고 경쟁적·집중적이고 강렬한 관계, 경험에 끌림 - 자신이 가장 끌리는 사람과 진하게 친밀감을 나누고 싶어 함

사회적	- 우리, 여러 명이 모인 모임, 동아리, 단체나 지역 관계에
	  관심을 둠
	- 단체나 모임에 속하기를 좋아하고 공동의 비전을 위해
	  교류하는 것을 좋아함

이 중 나는 어떤 유형의 사람인가? 나는 어떤 방향으로 성장해 나가야 하는가? 지금 나의 삶을 제한하는 가장 큰 동기는 무엇인가? 나는 타인과 어떻게 조화를 이루어 가야 하는가?

- 돈 리처드 리소, 러스 허드슨, 『에니어그램의 지혜』 중 -

2. 자동차 세일즈 신세대 영업사원을 위한 'I' 시리즈

"과거의 리더가 이야기를 하는 사람이었다면, 미래의 리더는 질문하는 사람이다" - 피터 드러커

이 시점에서 질문을 통해 내가 왜 영업을 하려 하는지 다시 한 번 점검해봤으면 한다. 가장 중요한 것은 내가 누군지를 아는 것이다. 나는 누구인가? 나는 무엇을 원하는가? 나는 무엇을 잘 하는가?

영업사원을 위한 자가 체크항목

1. 나는 영업사원

　나는 누구인가?

　나는 무엇을 원하는가?

나는 무엇을 잘하는가?

나는 어떤 영업사원인가?

나는 내가 하는 일에 대해 주변의 지지를 적극적으로 받고 있는가?

나는 자동차 영업에 대한 이해를 잘 하고 있는가?

2. 나는 브랜드

나는 표정이 어떠한가?

나는 태도가 어떠한가?

나는 복장이 어떠한가?

나는 브랜드에 대한 이해가 충분히 되었는가?

나는 고관여 제품군을 다룰 준비가 되었는가?

3. 나는 에너지

나는 '특별한 어떤 일'을 만들고 있는가?

나는 재미와 즐거움이 있는가?

나는 창조성과 다양성이 있는가?

나는 주변 사람들에게 활력을 주는가?

4. 나는 고객

나는 누구의 고객인가?

나는 고객을 만날 준비가 되었는가?

나는 양적으로 충분한 수의 고객을 만나고 있는가?

나는 고객관리를 잘하고 있는가?

나는 다양한 관계를 만들어 나가고 있는가?

5. 나는 자동차

나는 제품에 대한 기본지식이 있는가?

나는 제품에 대한 전문지식이 있는가?

나는 제품에 대한 최신정보를 숙지하고 있는가?

6. 나는 인문학

나는 메모를 하고 있는가?

나는 신문을 읽고 있는가?

나는 책을 읽고 있는가?

나는 영화를 보고 있는가?

나는 음악을 듣고 있는가?

나는 나를 위한 강의를 듣고 있는가?

나는 나를 위한 자기계발을 하고 있는가?

나는 나를 위한 문화, 여가, 체육 활동을 하고 있는가?

7. 나는 ＿＿＿＿＿＿＿ (본인 이름을 쓰시오)

나는 나에게 잘하고 있는가?

나는 가족들에게 잘하고 있는가?

나는 시간 관리를 잘하고 있는가?

나는 건강 관리를 잘하고 있는가?

나는 밥을 잘 먹고 있는가?

나는 잠을 잘 자고 있는가?

3. 자동차 세일즈 사원 인터뷰

자동차 영업을 하고 있는 여성 사원 인터뷰다. 이 사원은 자동차나 영업에 관심이 없는 평범한 여성이었다. 그런데 자동차 세일즈 교육을 받고 3년째 영업 현장에서 근무를 하고 있다. 자동차 세일즈에 관한 솔직한 이야기와 여성 영업사원으로서 느낀 점들을 들어보자.

※ 질문에서 사용한 척도는 숫자 척도를 적용했다. (10점-최고 / 0점-최악)

Q. 자기소개를 부탁한다.

A. 20대에는 대학생활을 열심히 했으며, 잠깐의 방황기를 거쳐 30대에 적성에 맞는 자동차 영업일을 시작했습니다. 3년 차 자동차 영업사원으로서 삶과 직업에 있어서 방향성을 잡아가고 있는 여성 영업사원입니다.

Q. 지금 현재 당신의 생활은 어떤가?

A. 10점 만점에 9점입니다. 모든 것이 여유로운 삶을 살아가고 있습니다.

주변 사람들과도 많이 만나고 있으며, 하루하루 주어진 일을 최선을 다해 해내고 있습니다. 해야 할 일 리스트를 만들고 지우면서 일과를 마무리합니다. 가족들과 함께하는 시간을 많이 가지며 천천히 느리게 즐기면서 슬로우 라이프를 즐기고 있습니다. 현재 고민은 없습니다.

Q. 가족, 친척, 친구, 연인 등이 자동차 영업을 하는 것에 대해 간섭하지 않는가?

A. 가족들은 자동차 영업을 하는 것을 반대했습니다. 지금은 재미있게 사는 것을 보면서 좋아합니다. 내가 좋아하는 여행도 다닐 수 있고, 시간이 흐르니 잘했다는 의견이 많습니다.

Q. 여성 영업사원으로서의 생활은 어떠한가?

A. 10점 만점에 8점 입니다. 자동차 영업을 하기에는 여성 영업사원이 좋은 것 같습니다. 장기적으로도 좋으며, 이 일을 오래 즐길 수 있을 것 같습니다. 여성 영업사원으로서의 강점과 장점을 잘 활용하면 됩니다. 여성분들이 자동차 영업을 한다고 하면 적극 추천 합니다.

Q. 여성 영업사원으로서의 한계가 있다면?

A. 남성중심의 조직이다 보니 한계는 있는 것 같습니다. 그렇지만 여성 스스로 '할 수 없다'는 한계를 만들어서는 안 됩니다. 자기중심을 잘 잡고 모든 것을 바라보아야 합니다. 남성고객들과는 함께 공유할 수 없는 부분이 간혹 있어 아쉽기도 합니다. 예를 들자면 남성고객은 자동차 드라이브를 아주 좋아합니다. 친해지려면 함께 속도감 있는 드라이브도 하고 자동차 트랙도 돌고 해야 하는데 그러지 못하는 점이 아쉽습니다.

Q. 지금 근무하는 회사에 대한 만족도는?

A. 10점 만점에 7점입니다. 회장님의 마인드가 너무 좋습니다. 함께 근무

하는 모든 부서(영업부서, 관리부서, 서비스부서, 계열사 등)의 구성원들이 좋으며 친절합니다. 작지만 감동을 주는 사소한 이벤트가 많아 만족스러운 직장생활을 해나가고 있습니다.

Q. 업무에 대한 일에 대한 강도는 어떠한가?

A. 10점 만점에 8점입니다. 업무 강도가 센 편입니다. 신체적으로 힘든 일이 많습니다. 영업의 특성상 실적에 대한 스트레스가 많습니다. 업무의 강도에 대해서는 남녀의 구분이 없는 것 같습니다.

Q. 급여에 대한 의견은?

A. 10점 만점에 6점입니다. 지금은 힘든 시기를 겪고 있습니다. 그렇지만 전체적인 평균연봉으로 보았을 때 만족합니다.

Q. 출퇴근 거리에 대한 의견은?

A. 출퇴근 거리에 대해서는 아주 만족합니다. 집이랑 회사랑 가까운 것이 최고인 것 같습니다.

Q. 결혼으로 인한 경력단절의 불편함이 생긴다면?

A. 자동차 영업직군은 경력단절이 되었다가도 다시 하기에 좋은 직군인 것 같습니다. 다시 시작하기에 좋으며, 다양한 선택의 기회가 있어서 좋습니다.

◎ 참고도서

『열혈 장사꾼』, 박인권, 우신출판사, 2009

『전략적 세일즈』, 브라이언 트레이시, BIZTALKBOOK, 2012

『나는 고작 한번 해봤을 뿐이다』, 김민태, 위즈덤하우스, 2016

『세일즈의 신』, 장순욱, 이수연, 토네이도, 2008

『세일즈 바이블』, 데일 카네기, 세종서적, 2004

『코칭대화기술』, 이토 아키라, 김영사, 2005

『실패에서 성공으로』, 프랭크 베트거, 씨앗을뿌리는사람, 2005

『넥타이』, 프랑수아 샤유, 창해, 2000

『천 개의 공감』, 김형경, 한겨레출판, 2006

『넨도nendo의 문제해결연구소』, 사토 오오키, 한스미디어, 2016

『인재관리가 회사의 미래다』, Stephen Hoare, Andrew Leigh,
    PEARSONEDUCATIONKOREA, 2012

『Brilliant 세일즈의 기술』, Jeremy Cassell, Tom Bird,
    PEARSONEDUCATIONKOREA, 2012

『How to 매니저의 조건』, Jo Owen, PEARSONEDUCATIONKOREA, 2012

『영업 혁신』, 프랭크 세스페데스, 올림, 2016

『왜 나는 영업부터 배웠는가』, 도키 다이스케, 다산북스, 2014

『소비의 심리학』, 로버트 B. 세틀, 세종서적, 2003

『자동차 제국』, 최진석, 최중혁, 한국경제매거진, 2014

『에니어그램의 지혜』, 돈 리처드 리소, 러스 허드슨, 한문화, 2015